U0053925

全球化時代下的台灣和兩岸關係

Taiwan and Cross-Strait Relations under Informational Era

李英明◎著

Taiwan and Cross-Strait Relations under International Era

「亞太研究系列」總序

　　「二十一世紀是亞太的世紀」，這句話不斷地被談起，代表著自信與驕傲。但是亞太地區絕非如此單純，未來發展亦非一定樂觀，它的複雜早已以不同型態呈現在世人面前，在開啓新世紀的同時，以沈靜的心境，深刻地瞭解與解決亞太區域的問題，或許才是我們在面對亞太時應有的態度。

　　亞太地區有著不同內涵的多元文化色彩，在這塊土地上有著天主教、基督教、佛教、回教等不同的宗教信仰；有傳承西方文明的美加澳紐、代表儒教文明的中國、混合儒佛神教文明的日本，以及混雜著不同文明的東南亞後殖民地區。文化的衝突不只在區域間時有發生，在各國內部亦時有所聞，並以不同的面貌形式展現它們的差異。

　　美加澳紐的移民問題挑戰著西方主流社會的民族融合概念，它反證著多元化融合的觀念只是適用於西方的同文明信仰者，先主後從，主尊客卑，白優黃劣仍是少數西方人面對東方移民時無法拋棄的心理情結。西藏問題已不再是單純的內部民族或政經社會議題，早已成爲國際上的重要課題與工

具。兩岸中國人與日韓三方面的恩怨情仇，濃得讓人難以下嚥，引發的社會政治爭議難以讓社會平靜。馬來西亞的第二代、第三代，或已經是第好幾代的華人，仍有著永遠無法在以回教爲國教的祖國裡當家作主的無奈，這些不同的民族與族群問題，讓亞太地區的社會潛伏著不安的危機。

亞太地區的政治型態也是多重的。有先進的民主國家；也有的趕上了二十世紀末的民主浪潮，從威權走向民主，但其中有的仍無法擺脫派系金權，有的仍舊依靠地域族群的支持來建構其政權的合法性，它們有著美麗的民主外衣，但骨子裡還是甩不掉威權時期的心態與習性；有的標舉著社會主義的旗幟，走的卻是資本主義的道路；有的高喊民主主義的口號，但行的卻是軍隊操控選舉與內閣；有的自我認定是政黨政治，但在別人眼中卻是不折不扣的一黨專政，這些就是亞太地區的政治型態寫照，不同地區的人民有著不同的希望與訴求，菁英份子在政治格局下的理念與目標也有著顯著的差異，命運也有不同，但整個政治社會仍在不停地轉動，都在向「人民爲主」的方向轉，但是轉的方向不同、速度有快有慢。

亞太地區各次級區域有著潛在的軍事衝突，包括位於東北亞的朝鮮半島危機、東亞中介區域的台海兩岸軍事衝突，以及東南亞的南海領土主權爭議等等。這些潛在的軍事衝

突，背後有著強權大國的利益糾結，涉及到複雜的歷史因素與不同的國家利害關係，不是任何一個亞太地區的安全機制或強權大國可以同時處理或單獨解決。在亞太區域內有著「亞太主義」與「亞洲主義」的爭辯，也有著美國是否有世界霸權心態、日本軍國主義會否復活、中國威脅論會否存在的懷疑與爭吵。美國、日本、中國大陸、東協的四極體系已在亞太區域形成，合縱連橫自然在所難免，亞太地區的國際政治與安全格局也不會是容易平靜的。

　　相對於亞太的政治發展與安全問題，經濟成果是亞太地區最足以自豪的。這塊區域裡有二十世紀最大的經濟強權，有二次大戰後快速崛起的日本，有七〇年代興起的亞洲四小龍，二〇年代積極推動改革開放的中國大陸，九〇年代引人矚目的新四小龍。這個地區有多層次分工的基礎，有政府主導的經濟發展，有高度自由化的自由經濟，有高儲蓄及投資率的環境，以及外向型的經濟發展策略，使得世界的經濟重心確有逐漸移至此一地區的趨勢。有人認為在未來世界區域經濟發展的趨勢中，亞太地區將擔任實質帶領全球經濟步入二十一世紀的重責大任，但也有人認為亞洲的經濟奇蹟是虛幻的，缺乏高科技的研究實力、社會貧富的懸殊差距、環境的污染破壞、政府的低效能等等，都將使得亞洲的經濟發展有著相當的隱憂。不論如何，亞太區域未來經濟的發展將牽

動整個世界，影響人類的貧富，值得我們深刻的關注。

在亞太這個區域裡，經濟上有著統合的潮流，但在政治上也有著分離的趨勢。亞太經合會議（APEC）使得亞太地區各個國家的經濟依存關係日趨密切，太平洋盆地經濟會議（PBEC）、太平洋經濟合作會議（PECC），也不停創造這一地區內產、官、學界共同推動經濟自由與整合的機會。但是台灣的台獨運動、印尼與東帝汶的關係、菲律賓與摩洛分離主義……使得亞太地區的經濟發展與安全都受到影響，也使得經濟與政治何者爲重，群體與個體何者優先的思辨，仍是亞太地區的重要課題。

亞太地區在國際間的重要性日益增加，台灣處於亞太地區的中心，無論在政治、經濟、文化與社會方面，均與亞太地區有密切的互動。近年來，政府不斷加強與美日的政經關係、尋求與中國大陸的政治緩和、積極推動南向政策、鼓吹建立亞太地區安全體系，以及擬將台灣發展成亞太營運中心等等，無一不與亞太地區的全局架構有密切關係。在現實中，台灣在面對亞太地區時也有本身取捨的困境，如何在國際關係與兩岸關係中找到平衡點，如何在台灣優先與利益均霑間找到交集，如何全面顧及南向政策與西向政策，如何找尋與界定台灣在亞太區域中的合理角色與定位，也是值得共同思考的議題。

「亞太研究系列」的出版，表徵出與海內外學者專家共同對上述各類議題探討研究的期盼，也希望由於「亞太研究系列」的廣行，使得國人更加深對亞太地區的關切與瞭解。本叢書由李英明教授與本人共同擔任主編，我們亦將極盡全力，爲各位讀者推薦有深度、有分量，值得共同思考、觀察與研究的著作。當然也更希望您們的共同參與和指教。

張亞中

自 序

　　台灣與中國大陸，因為前人在塑造歷史時的陰錯陽差，使得一水之隔成了咫尺天涯，歷史的現實為兩岸之間留下許多未解、甚至是無解的習題，從五十年前到今日、從上個世紀到這個世紀，許許多多的人，依舊依循著傳統的思維模式，執著著當年堅持的信念，使得兩岸之間雖然已經伴隨著全球化時代的來臨，有著緊密的互動與頻繁的經貿往來，但糾結在兩岸間的政治鴻溝卻愈來愈深，而且成為兩岸間一道始終解不開的死結。但如果我們退一步想，也許會問：兩岸之間的癥結真的有那麼難解嗎？資訊化、全球化時代的來臨，其實也標誌著兩岸關係應該進入一種新思維的開始。

　　毫無疑問的，我們面對的是一個全新的紀元，許多傳統的觀念被顛覆與解構，許多新時代的理念與思想正不斷地萌芽，而我們，正處身在這個歷史的轉折點上，能夠跳出傳統束縛來重新看待這個世界的人，才能夠真正掌握世界的未來。在這個資訊主義、科技主義掛帥的時代，全球資本主義市場體系的遊戲規則早已取代冷戰時期意識形態的對立；一

種全球化時代的來臨代表對許多傳統觀念的揚棄，許多舊時代的典範和思維模式早已不適合套用在新時代的遊戲規則裡。相信許多關心兩岸關係的有心人都已經瞭解，唯有順著新時代的思維模式，配合時代的脈動與全球體系的運行機制，才可能去尋找出適合兩岸未來發展的道路，同時也為兩岸關係間繃緊的政治議題尋得解套的空間。

這本書共收錄了八篇文章，分別是「現階段中共政治形勢分析」、「民族主義在中國大陸的發展」、「資訊時代下的『國家』與『社會』」、「後殖民論述與當代中國之初探」、「資訊時代下的兩岸關係──認同和主權問題的討論」、「兩岸經貿關係的新思維」、「後現代與後殖民語境下台灣社會科學的出路」、「全球化時代下的台灣如何走出困境」等。這八篇文章是筆者近年來的小小心得，是對台灣和中國大陸在全球體系這一架構下的一些觀察與研究，這些文章彼此之間都是獨立的，共通點或許就在於對傳統觀念的揚棄與反思。

無可否認的，台灣和中國大陸內部在這幾年來都呈現一種面臨轉型的壓力，但兩岸之間依舊是處在「經濟熱絡、政治低溫」的互動氛圍中，兩岸之間經貿關係或許會隨著兩岸加入WTO後而有了新的調整與發展，但兩岸間的政治卻仍圍於對傳統國家、主權、認同的看法歧異而難以轉圜，而這

種政治上的壁壘分明很容易影響兩岸間經貿的良好互動關係，甚至使兩岸領導人做出錯誤的決策判斷。上述文章便是希望提出一些新的看法與建議，用一種全新的視野與觀念來看待兩岸之間長久以來的爭議，畢竟，輕鬆一下，換個想法來看看世界，也不是什麼壞事！

這本書的疏漏不到之處，尚祈各位先賢惠予批評、不吝賜教。在這裡要感謝生智出版公司葉總經理和孟樊先生的願意出版，也感謝黃健群同學和賴皆興同學的整理校正，最後，如果這本書能夠引起拋磚引玉之效，那更是我所衷心期盼的。

李英明

序於木柵

目　錄

第一章

現階段中共政治形勢分析

一、前言

　　兩岸關係可謂是近來影響台灣內部政治、經濟甚至社會文化一個十分重要的議題，因此瞭解中共內部現階段的政治局勢也成為一件十分重要的事。要想瞭解現階段中共的政治形勢，一方面必須總結中共建政以來五十年的歷史，由黨史發展的脈絡去找到政治上的邏輯分析點；而另一方面則必須扣緊中共面對中國大陸內外在環境的變化所做出的因應之道，特別是注意在資訊化和全球化迅猛發展下的政治情勢的轉變，以及面向二〇〇二年「十六大」對中共的可能影響。八、九〇年代中共的政治性的改革，基本上都是在這個基本前提下來進行的，然而，儘管所謂機構改革和行政改革一直在進行，我們還是可以發現，中共政治體制依然是依循著列寧主義模式在進行著。

　　中共從八〇年代以來不斷進行改革和對外開放，主要原因是因為執政者認知到閉關鎖國式的作法已經無法維持國家的長治久安與經濟發展，後文革時期的中共必須要為自己尋得一條新的國家發展的道路，執政者體認到必須重新進入世界市場和以西方為中心的世界經濟秩序之中，才能為中國找到一條活路。換個角度說，中共的改革開放很大程度是受到

從七○年代以來以資訊化發展爲基礎的全球化趨勢的牽引而重新面向世界的。

隨著全球化的擴張，中共面臨新時代下的國家認同問題。隨著反思和批判文革，以及傳統冷戰的結束，中共已經既不能再用「姓資姓社」這種意識形態的途徑，也不能再依賴魅力型（charisma）權威來解決大衆的認同問題。而只能回歸以國家主義和民族主義相結合的國家民族主義（state nationalism）作爲憑藉；這種國家民族主義要求大衆透過效忠國家，跨越種族或族群的界限，融合成一個統一的民族。中共把這種國家民族主義稱爲愛國主義，並且也以操作這種愛國主義來作爲與西方和平演變相抗衡的利器。然而在後文革時代，大陸民衆期待更多元的解決認同的空間和機會；中共企圖透過列寧主義政治權威去解決人民的認同問題，從而重建其統治的正當性基礎，這與民衆所可能依據的方式和途徑是有明顯距離的。

鄧小平作爲後文革時期的改革總舵手，在對中共國家發展上交出一張亮麗的成績單。鄧後作爲其繼承人的江澤民，自然面臨更大的壓力。江澤民想要穩住權力並擴延其影響力，除了在黨政體系培養力量外，就必須持續進行思想運動；這是江澤民拋出「三講」和「三個代表」的深層原因。江澤民的「三講」和「三個代表」論述，其主要目的是想匡

正因為改革開放面對全球化所引發的思想路線的混淆。對意識形態的掌控，一向是中共領導人所必為之事，當年毛澤東的延安整風，是為了凸顯「馬克思主義中國化」的思想路線，是走後馬克思主義和後列寧主義的方向。鄧小平在後毛時代，揚棄毛澤東的民粹主義路線，但仍然繼續走後馬克思主義的方向，並以落實列寧主義為號召，事實上是走向了後列寧主義的道路；而江澤民的「三講」和「三個代表」論述，則是在承繼了毛與鄧的意識形態的同時，也建立了屬於自己的思想；在對政局的作用上，既在確立自己的論述體系，同時也藉此作為篩選甄補邁向十六大的權力接班人的標準；因此，這一系列的論述，亦具有測試中共檯面上可能的權力接班人的政治忠誠的意義。而上述這樣的總體形勢亦顯示，江澤民似乎已開始積極地為十六大後建立一個就算自己在形勢上退出權力舞台，但仍能維繫自己影響力的格局。

二、毛澤東時代的政治形勢分析

想瞭解現階段中共的政治形勢，一方面必須總結中共建政以來五十年的歷史，而另一方面必須扣緊中共必須面對中國大陸內外在環境的變化；此外，也必須注意資訊化和全球化迅猛發展以及面向「十六大」對中共的可能影響。

經過五十年的認尋歷程，中共的政治體制基本上自然維持列寧主義的模式。其中雖然經歷毛澤東時代，特別是自反右鬥爭、大躍進和文革階段的民粹主義群眾運動的狂飆，但在後文革時代，中共在反思批判甚至否定文革之後，竟然更加清楚地走列寧主義的政治運作模式。列寧主義模式強調菁英主義和制度主義，剛好可以被用來替代毛時代的民粹主義式的政治操作模式。

　　而後文革的列寧主義模式首先是透過一九八二年的憲法確定的。這個憲法承認中共可以在堅持四項基本原則的基礎上進行統治，而眾所周知，堅持中共的領導是四項基本原則的核心。亦即此憲法，正式承認中共對權力的獨占，因此也使得以此為基礎的政治體制獲得所謂的「合法化」。

　　民粹主義式的群眾運動，成就了對毛澤東個人的崇拜，但卻造成了對中共黨和國家權威和合法性的傷害；後文革時代，中共反思文革的結果，認為首要之務就是要先恢復黨的權威，然後以此為基礎，才能使中國大陸脫離文革動盪的陰影。但如何能恢復黨的權威呢？在鄧小平的主導下，中共認為必須依據列寧主義特別是民主集中制，來進行黨的重建。中共之所以敢而且也能這麼做，主要是迎合甚至抓住了大陸民眾害怕重蹈文革人心動盪的心理，於是中共就拋出「穩定壓倒一切」的訴求，來做為重建中共黨的領導權威的社會政

治基礎。而這種「安定牌」或叫「穩定牌」的訴求，貫穿了八、九〇年代，不只成為中共對付種種社會抗議或學生運動的工具，而且也成為其壓制對中共權威挑戰的任何人事物的籌碼。

　　當然，在另一方面，在反思批判文革的同時，中共也努力地想讓大陸從計畫體制的不合理結構中掙脫出來；而其關鍵就是不能再讓經濟繼續政治化，或社會幾乎完全國家化，經濟必須擁有相對於政治的一定自主性，同樣地，社會也必須具有相對於國家的一定自主性。為了因應這種需要，在後文革時代，中共的政治操作就朝以上所述列寧主義為基礎的「國家組合主義」（state corporatism）的方向發展。一方面允許工商社會甚至文教團體的存在，作為國家和群眾或社會互動的緩衝帶或潤滑劑，但另一方面要求這些團體必須接受黨國機器的規範和支配，不能挑戰黨的權威，這是後文革時代，中共迄今所堅持的，而這也是一般所謂的新權威主義的基本內涵[1]。

　　從中共的角度來說，新的權威的建立，首先就是要依循列寧的民主集中制來操作，而用中共的術語來講，叫做集體領導；這種權威運作模式，不管實際效果如何，主要是針對文革時代的個人崇拜而被強調的，不過，雖然集體領導強調成員形式上的平等性，但事實上，由於成員的非正式人脈和

論資排輩關係，其權力是不平等的，因此，在集體領導的形式架構中，總是需要所謂最高領導人來實際掌握集體領導的運作。這是民主集中制從理論到實踐的必然結果。

列寧主義的政治操作，相對於毛澤東時代，是比較向菁英主義和制度主義傾斜的。而這種路線方向基本上也是符合後文革時代中共進行改革開放的需要。但是隨著改革開放的發展，已經使列寧主義式的操作，陷入結構性的危機中，列寧主義的政治模式是否能繼續適應或支撐改革開放的需要，恐怕已是頗受大家質疑的問題。不過，中共仍然企圖繼續說服人們相信，只有以列寧主義模式為基礎，穩住中共的政治權威，從而也才能穩住中國大陸的政治秩序，持續有效的經濟改革和開放也才能繼續下去。當然，當中共再繼續堅持所謂列寧主義式的政治模式的同時，其實也感受到由於改革開放所導致的中國大陸內外在情勢變化的壓力，基本上也想要設法讓中共的政治操作能夠適應這些情勢的變化；因此，中共雖然經常進一步退兩步，或者是猶抱琵琶半遮面地不太願意其碰觸政治改革的實質問題，但是，從八〇年代以來就不斷地在用不同方式持續進行所謂機構改革和行政改革；進行這些改革總的來說，是為了「完善」中共的領導權威，講得更白一點，就是要「完善」中共的列寧主義式的政治操作模式。因此，八、九〇年代中共的政治性的改革，基本上都是

在以下這個基本前提下來進行的：不能改變中共對權力的獨占格局。於是，我們可以發現，儘管所謂機構改革和行政改革一直在進行，但基本上都沒有撼動中共政治體制的列寧主義模式。所以，在一連串的機構和行政改革過後，我們總會赫然發現，以黨領政的基本格局未變，而黨的組織建制依然如故，並沒有改變；機構和行政改革喊得震天價響，可是，事實證明中共在官僚組織的建制操作上，其實是相當缺乏「組織創新」（organizational innovation）的決心[2]。

目前，中共黨員人數占中國大陸的人口比例約為5％，從這個角度來看，中共是一個「菁英」的黨，而沒有真正成為群眾性的黨（mass party）；而且，迄今，中共在甄補黨員，其程序和過程仍然算是挑剔的；這些都在在顯示中共在後文革時代走列寧主義政治模式的表現。而更重要的是，從八〇年代以來，中共把一九四九年建政就已確立的「幹部名稱職位表」制度（nomenclature）加以強化，建立了層層節制的幹部甄補的制度，從組織上確保黨能夠從上而下地掌握人事權。這種人事甄補制度的強化，另一層主要的政治意義就是為了彰顯黨的紀律，從而向社會展示黨的權威。迄今，中共透過了這套制度，支配了包括行政、立法、司法、監察、軍事、經濟、媒體甚至群眾組織的幹部增補。這些現象顯示，列寧主義式的政治模式確實仍然有其效能和作用。而

雖然從八〇年代以來，隨著改革開放的發展，各形各樣的腐敗頻傳，或時而人大代表選舉沒有完全按照黨的規則產生，但是中共黨的紀律和權威仍然維持在一定的水平，而且具有一定的政治影響力。

為了要避免重蹈文革時代民粹主義式的群眾運動的災難，中共在後文革時代，其統治的方法是有所改變的，不再依賴魅力型權威或以群眾動員為基礎的意識形態政治運動，而相對的是企圖藉由愛國主義訴求和官僚制度途徑來作為基礎，因此，總的來說，後文革時代歷經鄧小平和江澤民兩階段，中共的政治定位是朝更大的制度化方向在發展。不過，列寧主義式的政治模式在實際操作時，很容易會經常背離制度主義方向，而往人治的向度發展，這是中共目前政治運作所面臨的最大問題。列寧主義相對於文革時代的狂飆，當然具有「撥亂反正」的作用，但是列寧主義的操作，到頭來仍然會擠壓出一個政治強人，從而使政治朝人治的方向傾斜。

由於中共目前走的是以列寧主義為基礎的國家統合主義的路，因此，雖然社會相對於國家擁有較以前更大的自主性，但是，中共對於異議份子和力量的容忍度並沒有提升，其基本的考量點就是不允許他們挑戰中共對於權力獨占的格局；因此，不管是對付八九天安門事件，或其他種種抗議示威運動，只要被認為觸犯上述的禁忌，中共都毫不保留地加

以壓制；當然，從八○年代以來，中共在壓制這些社會政治運動時，還會儘量依循較以前稍具法律特性的途徑來加以處理；而從二○○○年開始非常顯著的引發世界關注的法輪功事件，主要是因爲其是自發的民間且具宗教性的組織，挑戰了中共的權威，因此才會遭到中共的壓制。

三、改革開放後的政治形式

隨著改革開放的發展，中國大陸內外在的環境其實都已經歷經結構性的變化，這個變化反過來也促使中共的列寧主義政治模式的侷限性更加暴露出來。我們可以說，內外在環境的結構變化與中共列寧主義政治模式間的矛盾，是中國大陸現階段總體運作所要面對的最大問題。列寧主義政治模式對於糾正文革時代的民粹主義群眾運動的災難，或許有其作用和意義；但是，它是否能持續有助於未來中國大陸總體運作的需要，恐怕是相當值得懷疑的。

爲了維持推動經濟改革，中共在經濟領域中，已經逐步深化發展地在揚棄列寧主義的國家統治的模式；而其結果是市場機制在經濟領域中的比重不斷提升，計畫的程度不斷下降和縮小；隨著這種形勢而來的是大眾和職工，或下級對上級的組織性依附（organizational dependency）格局鬆動或甚

至已被解構[3]。在計畫體制的制約下，城市居民大多成為國有企業或其他公家機關的職工，依附在單位之下，從生老病死到食衣住行，幾乎都依賴單位來解決和供應；而在農村，由於人民公社的制約，農民基本上也是依附在社隊之下；這種從城市到農村，大眾對單位的依附現象，基本上是文革為何能動員成千上萬的群眾參與的原因；而隨著計畫體制的鬆動和逐漸被解構，這種大眾對於單位的組織依附現象也逐漸改變，大眾、職工或各級幹部的利益和生涯發展，並不需幾乎完全由上至下來決定，他們可以不必事事要往上看，而可以往下看；因為隨著市場機制的逐漸擴大，他們的利益途徑呈現多元化的現象，而這當然會增加社會和大眾相對於國家的自主性，或下級對於上級的討價還價的能力，其結果當然會深化組織性依附的進一步的解體；而隨著這種形勢而來的是更多的自發性的組織會陸續出現，民眾也會要求擁有更大的相對於國家的自主性。

其實，隨著這種組織性依附的解體，一方面社會和大眾的自主性相對地增加，而另一方面，對於國家的要求也會增加，對於國家的行政措施和政策制定與執行的不滿和批評的現象、程度也會不斷發生和提升；這就可以解釋根據中共中央社會治安綜合委員會的資料顯示，一九九九年，中國大陸農村爆發的示威抗議和集會遊行，共有五萬三千兩百起，參

加人數五百五十二萬人，而都市、國有農場、牧場、機場的示威抗議，則有五萬九千兩百起，共兩百五十萬人參加；其中工人示威抗議集會件數，較前年成長了92％。組織性依附的解體，在增加自主性的同時，也使大家必須自己面對許多以前在計畫體制不需面對的問題，尤其是被抽離社會保險和福利網路，增加了大眾在生活上的許多壓力，這又反過來，造成大眾有著很深的相對剝奪感；於是組織性依附解體所帶來的自主性，主要的就表現為對國家的種種要求和不滿上。隨著國有企業的進一步股份化改革，以及中國大陸即將加入WTO，需要許多配套的結構制度變革，將使中國大陸的計畫體制和依附其上的組織性依附進一步崩解，而中共將面臨更多上述大眾更多的要求和不滿的挑戰。當然，我們可以預料的是中共將會繼續訴諸類似「穩定壓倒一切」這類的訴求，來對應這些來自民間社會自發的更多更大的要求，但是這種對應方式，能否有效，當然也是值得懷疑的。

在另一方面，中共之所以從八〇年代以來必須不斷進行改革和對外開放，主要原因當然是因為閉關鎖國式的作法已經無以為繼，而必須重新進入世界市場和以西方為中心的世界經濟秩序之中。如果換個角度來說，中共的改革開放是受到從七〇年代以來以資訊化發展為基礎的全球化趨勢的牽引，亦即，中共的改革開放就是在面對全球化；而在全球化

的制約下，不只資本財貨的流通不再受到地理疆界的限制，內政和外交事務在很多層面上交纏在一起，甚至連成一氣。這種變化，使得人們在資訊取得的管道和機會上，呈現多元的現象，而這也相對地使中共依據列寧主義政治操作模式所延伸出來的由上至下的一元化資訊傳播格局，事實上會遭到嚴重的挑戰。

事實上，網際網路的跨國界線，這是由資訊和傳播科技以及全球化的邏輯所規定的，恐怕不是政治力量所能干預和阻擋得了的。資訊、電訊和傳播科技的發展，當然是在西方主導下不斷實現的；中共把網際網路的發展也因此就解釋成西方對中國大陸搞和平演變的工具和管道，亦即是干預中國內政的槓桿，而以此為藉口，中共就推動網路鎖國政策，企圖阻止網際網路在中國網路的發展；而其作法就是不斷頒布各種管制法令和措施，甚至想建立屬於中國大陸範圍的具有自己獨特系統的網路。

的確，由於網際網路的發展，已經使世界各國的市民社會全球化；而中國大陸的民間力量，當然也逐步出現這種現象，法輪功事件之所以能引發世界關注，原因不少，其中之一乃是由於網際網路的發展。市民（或民間）社會的全球化使國家在對應的措施上，增加了相當多的壓力和難度，繼而也使國家的權威感受到打擊；而這對於走列寧主義政治模式

的中共，更是難以承受的事情。不過，根據中共官方的統計，一九九九年底，中國大陸使用網際網路的人數，已突破一千萬人；而估計在未來五年內，此一數字將加速增至一億人左右。人數規模的增加，若再加上前述的理由，中共所面臨的來自網際網路的挑戰，將會更形擴大。而且，伴隨著這種形勢而來的是，中國大陸民間社會的力量或組織，將會更進一步全球化，這將深化中共統治的難度。

面對全球化，中共所面臨的難題還有認同問題。隨著反思和批判文革，以及傳統冷戰的結束，中共已經既不能再用「姓資姓社」這種意識形態的途徑，也不能再依賴前述的魅力型權威來解決大眾的認同問題，而只能回歸以國家主義和民族主義相結合的國家民族主義作為憑藉；這種國家民族主義要求大眾透過效忠國家，跨越種族或族群的界限，融合成一個統一的民族。中共把這種國家民族主義稱為愛國主義。當然，許多國家或地區在面對全球化要求一體化的壓力，也都回歸訴諸民族主義、種族主義或宗教基本教義主義，以凸顯不同於全球化的差異性。中共對愛國主義的標榜，除了具有解決文革所遺留下來的認同危機的意義外，也更具有面對全球化衝擊的意涵，而且，後者的成分恐怕更超過前者。

中共一方面雖然認為，全球化是無法迴避的形勢和壓

力；另一方面又把全球化解釋成西化的另一種形勢的表現。而透過後者的解釋，中共認為，面對全球化就必須一方面順其勢，而另一方面則要凸顯中國不同於西方，以及訴諸上述的愛國主義來對應全球化的壓力。中共這種愛國主義訴求有其一定的效果，而其基礎就是利用上述的解釋邏輯。當然，中共在面對全球化，除了訴諸愛國主義外，也順著愛國主義的邏輯，也會訴求回歸中華文化，凸顯中國（華）特性和西方特性的不同。

不過，由於以資訊化為基礎的全球化的發展，大陸民眾尋求解決認同的管道、途徑和機會，比以前增加；除了也可能回歸民族主義解決認同問題外，更有可能回歸種族主義、家庭或宗教等來尋求解決之道。因此，中共很難再用一元化由上至下的方式來解決大陸民眾集體認同的問題。中共在八○年代初，就拋出了「建設有中國特色的社會主義」的訴求，這個訴求命題的重點是對所謂「中國特色」的強調，而這種強調，當然是具有高度針對性的，其目的之一在於透過強調中國特色來對抗因為改革開放必須面對全球化的壓力；因此，是具有解決大陸民眾認同問題的意義。

由於民眾不必再像八○年代之前那樣依附中共國家機器來解決其認同問題，轉而可以較自主地凸顯自己所處的家庭、族群、生命背景或心中信仰的獨特性；因此，被認為具

有向後現代轉折的趨勢，於是從九〇年代以來，大陸知識界不少人企圖從後現代的角度來解釋分析大陸民眾的認同問題。

　　中共面對全球化的壓力，透過強調愛國主義凸顯中國／西方的不同；但同時也透過愛國主義來支撐列寧主義政治模式，要求社會和大眾支持中共的黨國機器，並與之保持一致。這與大陸民眾在解決認同問題時，所表現的後現代性，基本上是有所衝突。

四、全球化時代政治形式的演變

　　前蘇聯和東歐共黨國家的解體，不只宣告了傳統冷戰結構的崩解，也使中共政治傳統的正當性遭到某種程度的衝擊。因為，其代表以共黨專政為基礎的體制不合時宜是具有普遍性的，而這反映在中國大陸身上，其實已經揭櫫體制特別是是政治體制的結構變革其實是無法迴避的；但一觸及到變革或改革，就如前述，是不能影響中共的權力獨占的格局的；而中共在為這種關係所做的辯護，就是要求一切改革和變革都要符合所講的中國特性，但是，所謂中國特性，講的白一點就是不能改變中共獨占權力的局面，這樣一來，中共政治統治正當性的重建，也就是列寧主義政治模式的完善；

中共企圖要說服人們相信，這種模式可以不斷完善，但不能被取代或否定。

　　後文革時代，大陸民眾期待更多元的解決認同的空間和機會；而中共的列寧主義政治模式就算再經歷多少改革，其要求權力獨占的格局基本上不會輕易改變，對多元的認同空間和管道的期待，將進一步要求相對於國家有一定自主性的公共領域（public sphere）的存在，這種領域雖然會遵循國家所設定的法令制度規章，但不會喜歡見到中共對權力的獨占。中共企圖透過列寧主義政治權威去解決人民的認同問題，從而重建其統治的正當性基礎，這與民眾所可能依據的方式和途徑是有明顯距離的。

　　由於全球化發展，一方面強化了市民（民間）社會、跨國公司、非政府性組織（NGO）的角色，而另一方面削弱了國家傳統的功能和角色；因此，目前各種型態的國家都正在和全球化拔河，避免自己的功能和角色被削弱或設法調整自己的角色和功能，以因應配合全球化發展的背景需要，朝資訊化、電子化、彈性化和縮小化的方向轉型；但是，中共在面對此問題時，顯然是想顯示，中共的國家機器在全球化大潮的衝擊下，非但功能角色不會萎縮，反而會更加強化；尤其是，中共希望以抵擋西化式的全球化為理由，高舉國家主義的大旗，來壓制內部的異議力量。亦即，中共透過以反對

西化式的全球化為理由，利用了全球化的壓力，來強化列寧主義政治模式操作的強度和力道。而江澤民從二○○○年二月繼「三講」（講學習、講政治、講正氣）之後，提出「三個代表」論述（中共代表先進生產力的發展需求、代表中國先進文化的前進方向、代表中國最廣大人民的根本利益），其實用意之一就是想要說服人民相信：在全球化的壓力下，中共仍然可以依據列寧主義政治模式，繼續一黨領導，來滿足民眾、經濟、文化和社會發展的多種需要，中共黨國機器的領導能力和地位是不容懷疑和動搖的[4]。

「三講」和「三個代表」論述，基本是與江澤民在十一屆五中全會所提出的「論十二大關係」連成一氣的，都屬於江澤民為了鞏固其權力基礎以及延續其時代，在意識形態領域中所進行的一連串思想運動。前面曾論及，後文革時代，中共的統治方法不再用以群眾運動為基礎和意識形態運動等途徑；但是列寧主義政治模式的操作，卻會使最高領導人，仍然必須急於確立自己的權力地位和持續的影響力；而欲達成此目標的三個主要工作是：

1.確立自己的思想論述體系。

2.培養自己的黨組織班底。

3.厚植自己在行政體系的力量[5]。

毛澤東在一九五六年中共宣布完成社會主義改造之際，提出「論十大關係」，總結當時中國大陸的總體結構，做為試圖走一條不同於蘇聯社會主義建設道路的依據，從而也為自己在社會主義建設階段建立起自己的思想體系，並且使自己的思想體系進入中共意識形態結構奠立基礎。而鄧小平在一九七七至七八年，透過「實踐是檢驗真理的唯一標準」的訴求，弄垮了華國鋒「兩個凡是論」的意識形態地位，將華國鋒思想以及毛澤東在文革時代被視為左傾的路線政策思想，趕出中共意識形態的結構之外；進而在一九八一年的十一屆六中全會，正式總結毛澤東的功過、毛澤東思想的意識形態地位以及建政三十年的黨史。

　　在此結構中，「毛澤東思想」被定義成是中共領導人集體智慧的結晶。這樣的總結定義有以下幾種意義：(1)往後中共黨內任何派系不再提以繼承毛澤東正統自居；挾毛澤東思想托大，進行意識形態和權力鬥爭；(2)方便後文革時代的中共領導人確立自己的思想體系，因為很容易將其解釋成延續毛澤東思想的發展，而獲得意識形態的正當性，這樣一來，也比較能合理化改革開放後的政策路線，降低意識形態方面轉變的壓力和負擔；而領導人的政策路線主張也比較容易因為被解釋成對毛澤東思想的發展，而進入中共意識形態結構之中。

中共在十五大，開始宣稱要高舉鄧小平理論的大旗，基本上就是在上述的邏輯架構下面成為可能。不過，按照這個邏輯操作，雖然後文革時代的領導人思想相對很容易取得中共意識形態的正當性和位階，但是同毛澤東思想作為集體智慧結晶一樣，同樣也很容易被儀式化和抽象化；亦即，反而很容易被供得高高的，但卻與實際的政經現實發展割開關係。因此，當中共宣稱高舉鄧小平理論的同時，也就是鄧小平理論被當神主牌和被儀式化與抽象化的時候，而這也替江澤民讓自己的政策路線主張擠入中共意識形態結構之中開闢了空間和機會。

江澤民在十四屆五中全會拋出「論十二大關係」的論述，主要在總結鄧小平時代的中國大陸的結構情境，這是為自己在後鄧小平時代階段建立自己的思想體系，並使自己的思想體系進入中共意識形態結構和奠立基礎。

鄧小平時代有文革災難作為立即直接的反面教材，而反思批判否定文革的政治效應，也基本上被鄧小平利用殆盡；在另一方面，進入了九〇年代，資訊化和全球化的形勢壓力更為沈重，再加上十幾年改革開放所導致的內外在結構形勢的變化，也如上述加深了中共統治的複雜度；因此，江澤民想要穩住權力並擴延其影響力，除了在黨政體系培養力量外，就必須持續進行思想運動；這是江澤民拋出「三講」和

「三個代表」的深層原因。江澤民發動「三講」和「三個代表」這一連串的思想運動，當然具有整風的意義，這又不禁讓人聯想起毛澤東在中共延安時期的整風運動。

毛澤東時期在延安時期的整風，主要是糾正國際派的路線，而其訴求是「馬克思主義中國化」的論述；這個論述的核心主要在處理馬克思主義全球化擴張如何與本土化或在地（local）結構條件相結合的問題；而如果說江澤民的「三講」和「三個代表」論述，也是某種形式的整風的話，那麼其主要目的是想匡正因為改革開放面對全球化所引發的思想路線的混淆。當年毛澤東的訴求，主要是想讓社會主義和民族主義相結合，以社會主義來表現民族主義；而其基本內涵不只是不能照搬馬克思主義，也不能毫不加反思地照拿列寧主義；因此，毛澤東的延安整風所凸顯的思想路線是走後馬克思主義和後列寧主義的方向，而這種方向在中共建政完成所謂社會主義改造後，毛澤東透過民粹主義群眾運動，被帶往非常幾近的路線去發展。

而鄧小平在後毛時代，揚棄毛澤東的民粹主義路線，但繼續走後馬克思主義的方向，並以落實列寧主義為號召；鄧小平對列寧主義的強調，除了著重要走菁英路線以及逐步制度化朝制度主義發展外，主要就是要求黨國機器相對於群眾要有權力的優位性。因此，列寧主義在鄧小平手中也被化

約，與原始的列寧主義存在差距；因此，鄧小平在走列寧主義政治模式的同時，其實也走上了後列寧主義的方向。不過，中共習慣把這種方向稱爲是馬克思列寧主義和中國國情相結合的必然結果。

中共將鄧小平理論定位成不只是馬列主義和中國國情相結合的產物，而且是對毛澤東思想的發展；這種既結合又發展的定位，似乎已經成爲中共定位後毛時代領導人政策主張與路線的意識形態的標準答案。而之所以能有這種近乎公式化的標準答案的出現，其關鍵在於十一屆六中全會對毛澤東思想的定義。中共對於江澤民政策主張與路線的意識形態定位基本上是遵循上述的公式來進行。將馬列主義和中國國情相結合，並且發展毛澤東思想形成鄧小平「理論」；主義、思想和理論具有內在邏輯關聯性，而後鄧時代中共領導人的政策主張和路線在意識形態結構中未來到底能否被稱呼爲「理論」，頗值得關切；不過，中共似乎也別無選擇，只能繼續將之稱爲「理論」。

江澤民的「三講」和「三個代表」論述，既在確立自己的論述體系，在中共意識形態結構的位階，同時也藉此作爲篩選甄補邁向十六大的權力接班人的標準；因此，這一系列的論述，亦具有測試中共檯面上可能的權力接班人的政治忠誠的意義。而上述這樣的總體形勢亦顯示，江澤民似乎已開

始積極地爲十六大後建立一個就算自己在形式上退出權力舞
台，但仍能維繫自己影響力的格局[6]。

註 釋

[1]John P. Burns, "The People's Republic of China at 50: Nation Political Reform," *The China Quarterly*, 1999, p.580.

[2]Ibid., p.582.

[3]參閱Andrew Walder, *Communist Neo-Traditionalism: Work and Authority in Chinese Industry* (Berkeley: University of California Press, 1986)，中文譯本見華爾達，龔小夏譯，《共產主義社會的新傳統主義：中國工業中的工作及社會威權力結構》，牛津大學出版社，1996。

[4]陸非，〈江澤民三部署延續政治生命力〉，《中央日報》，2000.7.14。

[5]同上註。

[6]陸非，〈江澤民以退爲進步局接班〉，《中央日報》，2000.8.29。

第二章
民族主義在中國大陸的發展

一、民族與民族主義

　　十九世紀以來西方的所謂現代國家，都是以民族國家作為號召的。在經由長時間對主權和國家形成的源由爭辯後，國家一般被認為是由主權、人民、領土、政府四個基本單位所構成，而貫穿這四個基本元素的便是民族，對自身民族主義的認同是組成民族國家的先決條件。

　　民族這個概念本身便是一個十分有趣的且富有爭議性的議題，民族是一個真實存在且帶有結構功能上的組織體，還是一個被建構出來的想像共同體？已故的英國社會學家蓋爾納（Ernest Gellner）所寫的《民族和民族主義》（*Nation and Nationalism*）一書中提出一個標準社會學式的結構功能論證，為側重實證主義的主流社會科學開出一條建構民族主義的一般性理論道理。而班那迪克・安德森（Benedict Anderson）在《想像的共同體》（*Imagined Communities*）一書中，從歷史的角度下手，將民族的起源與形成歸因於宗教信仰之領土化、古典王朝家族之衰微、時間觀念之改變，特別是資本主義與印刷術之間的交互作用與國家語言的發展，這些因素使得民族主義成為一種顛覆不破且乍看之下似乎是自然生成的意識形態。成為人類歷史發展過程中因應資本主

義與帝國主義所形成的一種「想像的共同體」[1]。這兩種對民族概念的認知可謂是大相逕庭的。前者的民族概念是一種正向的民族認同價值，是一種正視「我」與「他者」之間的分野標準；後者則是挑戰了民族的成因與必要性，認為民族本身並未真正的「存在」，其存在是透過一種建構而產生的。這兩種截然不同的看法，卻同樣都是對民族這個概念的一種思索。

「民族主義」便是一種基於「所謂」共同的血統、語言、文化、情感所建立起來的一種認同，藉由這種認同在歷史的發展過程中形成一種民族情感與民族意識，並由此區分出「我者」與「他者」。民族主義與近代國家的形成是緊緊扣連在一起的，國家之形成透過以主權訴求為號召而與民族連在一起，是以透過下列兩種訴求方式而建構出來的：

1. 國家民族主義：承認在一定領土範圍內的種族差異性，但要求各種族透過集體效忠來形成一個具有集體意識的國家，並進而形成一個統一的民族，這是一種多民族國家的操作模式。

2. 種族民族主義：透過要求某一種族在政治上獲得自主性而組成一個國家，藉以凸顯種族的政治角色，這種要求單一種族由遺傳、生物上的族群角色轉變為政治

角色的過程，是一種單民族國家的操作模式。

二、中共民族主義的發展

中共對民族主義的運用，基本上可以方成三期來看：在延安時期的統一戰線操作模式，是以對民族認同的操作當作該階段最重要的政治工程。民族認同被認為應該優先於階級認同，這一觀念上的轉變對後來的國共內戰形勢的消長影響極大。到了中共取得政權從事社會主義改造建設以迄大躍進，大致上都沒有什麼改變。

在革命社會主義階段，毛澤東處理中國人的集體認同問題，是同資本主義徹底切割開來，將代表資本主義的西方國家視為「他者」；透過與蘇聯的論戰、鬥爭，亦將蘇聯視為「他者」。利用將兩者皆視為「他者」的方式來表現民族主義的操作，告訴中國人是屬於傳統社會主義陣營的身分。毛澤東並且希望藉由此將民族主義與階級鬥爭結合起來，但後來的發展在實際上卻是階級鬥爭的操作常常大過於民族主義的訴求，而釀成悲劇。

後毛時期的民族認同，最主要是針對文革時期的認同問題做出修正與重建，一般認為文革時期最大的傷害來自偶像崇拜、身體崇拜、神格化崇拜，使中國人走上個人化的權威

操作處境，故首要之務便是要走出這種個人崇拜、偶像崇拜的迷思，要重現作爲一個人所擁有獨立個體性的存在與展現。這等於是中國人「再啓蒙」的一種必要步驟，使人重新由個體主義、自由主義去理解認同的意涵，找尋認同問題的答案。

毛澤東在一九三五年之後，把中國以階級鬥爭爲綱的革命方向轉變成以民族解放爲主的革命方向。民族主義的概念自中共建政後至鄧小平主政期間的轉折，對中國共產黨取得政權有很重要的影響。現階段的中共仍是以民族主義作爲號召，透過愛國主義的口號，在對外面對國際關係時，採取現實主義的立場來處理，這是中共在後毛澤東時期的一貫操作模式。

三、九〇年代中共民族主義的發展

改革開放以來，不論是在面對國內或是國際問題上，中共原先是以傳統的絕對主權觀念來看待，強調主權的不可侵犯性，但隨著改革開放深化發展的需要與尋求國際上的友好關係，中共不得不放軟身段，特別是蘇聯的瓦解使得中共深自誡懼，而更積極將自身投入全球世界體系中，與此同時中共所面對的是全球化的浪潮隨著資訊化、科技化的快速發展

而席捲而至，全球化帶給中共的除了其發展所需要的資源外，還包含許多其避之唯恐不及的「精神污染」。中共在接受西方資本主義物質挹注的同時，無可避免的要面對隨之而來的思想、意識形態與價值觀，這正是中共最擔心的西方和平演變的利器。所以中共一方面除了以有「中國特色」的包裝將這些「舶來品」消毒和改裝之外，更重要的便是利用民族主義、愛國主義來塑造中國人的集體認同，將「我者」與「他者」塑造成兩個對立面，一方面強調這是因應國際情勢所不得不為的情形，是為了廣大的人民利益與國家發展著想，另一方面則藉由激起人民的認同心理，而使得在接受西方物質的同時，仍是以一種「建設有中國特色的社會主義」觀點出發，而不致對自身的國家、民族甚至是政權產生疑慮。所以中共不斷強調現實主義和國家利益，既可以光明正大、堂而皇之的將資本主義生產體系和發展模式納入自身的國家運作中，又可以凝聚中國人對自身身分的集體認同和效忠。

所以，後毛時期中共解決認同危機，是利用想像建構一套具中國特性的論述，目的在縫合文革時代造成的階級之間、民族之間、種族之間的裂縫，以此來建構中國人民一貫且一致的身分認同。同時透過以上建構中國特性的過程做基礎，才能使中國得以真正的走向世界、面向未來，將世界繼

續當成觀照中國自身發展的一面鏡子，用以凸顯建構中國特性的必要性和重要性。面向世界、走向世界是後毛時期透過東方與西方、世界與中國的辯證方式，來重新建構中國民族主義的必要過程，藉由面向世界來理解自己，重新找回自己，並重新認識自己。

四、中共民族主義的利與弊

九〇年代以來，中共在面對西方國家時，用西方的東方論述邏輯以及自我東方化的邏輯，將兩者融合在一起形成以中國為取向的東方論述，透過中國與西方的區隔以凸顯中國的特殊與優越，藉以平衡中國相對於西方的優越感，中共在面對西方時用的是自我東方化，在面對東方或非西方時用的是東方的東方論述，兩者同時操作。故西方的東方主義與中國的自我東方化形成一種共謀共生的辯證關係。這一套思考邏輯形成了中共民族主義的內容，具有下列幾個優點：

1.在對內關係上：透過這一套民族主義、愛國主義的訴求，可以凝聚人民的認同，並且藉由強調「中國特色」，可以將東／西方區隔開來，從而使得西方的價值體系、意識形態不會成為一種行之於東方亦可的普

世價值，使中共政權得以維持穩定。

2.在對外關係上：透過民族主義，可以強化國家主權的行使能力與正當性，並使得中國人民的力量得以團結在一起，一方面在國際上不會爲人輕侮，另一方面則形成一股新崛起的霸權。

3.在統一問題上：在民族主義高漲的氛圍下，使得西藏、新疆、台灣問題將是一種「內政問題」，是外人所不得任意置喙的，這對中共處理內部的統一問題顯然十分有利。

然則中共以這套邏輯操作民族主義，自然也有其缺失：

1.對立的強化：中共在想像建構中國特性的論述與面向世界的同時，企圖透過民族主義的訴求來解決認同與身分危機，所以以回歸到「中國特性」的基礎上來做論述，因而產生了類似《中國可以說不》這類偏激、帶有強烈大中國色彩的著作出現。而這一點其實是強化了東／西方之間的矛盾，使得東／西方之間充滿張力。

2.矛盾的產生：由於中共領導下的中國在提倡民族主義時，是往一種「自我東方化」的路線上發展，把做爲中國和西方之所以不同的「我者」與「他者」之間的

界限區隔開來。使得中國極易走上「文化民族主義」
的方向上去，發展出一種「中國式的東方主義」。認
為中華文化不僅適用於中國，還包括東南亞、東北亞
甚至全亞洲，這是一種「中華文化優越論」的表現。
是一種具有「中國特色的東方主義」訴求，亦是一種
中國式的文化主義帝國表現，容易引起其他國家的反
彈，如之前新加坡提出的「亞洲價值」便是一例。

3.僵化的意識形態：中共過分操作民族主義的結果，使
得民族主義成為中共內部最高的指導原則，任何事物
皆不能與之牴觸，造成民族主義容易為有心人所炒
作，很多事情亦容易被上綱到民族主義而引發對立衝
突。

所以，民族主義對中共而言，實在是一把雙面刃，雖可
自保，但稍一不慎便會誤傷己身，在資訊化、全球化時代
下，中共的民族主義將如何發展，或許是一個相當值得我們
觀察的議題。

註　釋

[1]關於民族主義的概念，見班那迪克‧安德森（B. Anderson），吳叡
人譯，《想像的共同體》（*Imagined Communities*），台北：時報文
化，民88。

第三章
資訊時代下的「國家」與「社會」

資訊時代的來臨，對於國家與社會的關係造成結構性的衝擊，有關「國家／社會」議題的傳統思維模式和途徑，面臨被揚棄的命運。而環繞著這個議題的討論，舉凡全球化、主權和知識經濟等範疇，都是必須被納入考慮的相關面向和範疇。

針對「國家／社會」議題的重新討論，以下幾個問題是人們經常注意的焦點：

1.資訊化發展下的經濟運作模式的變化。
2.資訊化發展下的國家角色的變化。
3.資訊化發展下的國家主權的演變。
4.非國家／政府實體的興起。

一、西方經濟運作模式的變化

近代以來的西方科技歷史，可以區分為三個階段：第一階段著重如何使人類的勞動更有效率且更方便地操作和運用；第二階段著重在對資源有效且方便的生產和運用，這時候掌握資源的重要性取代了對人類勞動力的需求；第三階段則著重在對資訊的獲取、操作與運用，資訊的地位凌駕在對勞動力和資源的需求之上。前面兩個階段是工業社會的時

代，而第三個階段則代表人類進入了資訊社會的時代，這一階段公認是在一九七〇年代逐漸建構形塑完成，資訊主義取代工業主義成爲新時代的主流趨勢[1]。

十八世紀以來迄一九七〇年代中期爲止，西方是以國家主義和資本主義作爲工業主義的載體而成爲人類生產模式的主要方式。而所謂的工業主義或資訊主義，是必須放入「生產力」這一範疇來談的，由目前生產力向度來看，人類歷史正由工業主義向資訊主義轉折與過渡，而這將會對人類的歷史發展產生巨大的衝擊。

傳統資本主義的生產方式，表現在直接勞動與生產手段的相分離，生產手段是被控制在擁有資本權力和私有者的手中，最大目標在於追求利潤極大化與資本的積累。而國家主義則同樣是表現在勞動與生產手段相分離，不同的是生產手段被控制在壟斷暴力權力之國家機器手中。國家將經濟剩餘之處理、分配權放在政治領域中處理，目標在追求權力的極大化，以及維護自身的統治權。

如上所述，當代西方資訊主義時代的來臨是透過以工業主義時代爲載體而完成的，我們可以由下列三個面向來觀察[2]：

(一) 由生產向度來看

　　以福特主義作為操作原則的大公司企業之出現，強調規模經濟及有效之管理，故必須依賴廣大、複雜之資訊處理，在實際運作上強調以資訊處理為基礎之知識，對於促進管理、生產之重要性，資訊與知識成為維繫公司生存發展之必要條件。

(二) 由消費向度來看

　　第二次世界大戰後出現了大眾消費現象的興起，大眾市場的出現造成了買賣雙方有形和無形間距離的增加，市場的空間觀念擴大延伸的結果，造成市場的促銷必須靠龐大的資訊流加以連結買賣雙方的資訊。此外，二次大戰後以凱因斯主義為主的福利國家出現，由國家直接或間接管理財貨服務，直接傳送、分配至大眾，因而必須建立種種的傳輸系統。這些形勢都造成了對資訊和以資訊為基礎的知識經濟的迫切需求。

(三) 由國家角色向度來看

　　在福利國家作為號召之下，國家經濟角色不斷擴大，國家角色不斷朝向經濟領域擴張，伴隨而來的為對資訊以及資

訊化知識的依賴，使國家成為資訊化之組合主義（corporatism）政治組織。

　　二次大戰以後的資本主義面臨了必須重建的過程，而二次大戰可以視為區隔古典資本主義與現代資本主義的分野。一九三〇年代西方歷經了以美國為主的經濟危機後，便開始進入資本主義重建的準備階段。二次大戰後到發生石油危機的一九七〇年代，為西方奉凱因斯主義對資本主義進行重建的第一波，到了一九七〇年代末期，資本主義又進行另一波的重建，這一個時期的重建與資訊時代的來臨之間是一種有機的聯繫關係。

二、國家角色的變化

　　二次大戰後至八〇年代以來資本主義重建的特徵，包括福利國家的出現，讓國家扮演重要的經濟剩餘分配之角色，改變了傳統自由主義下之政治與經濟的關係，國家大量介入非政治領域事務，尤其是經濟方面，例如擴大公共投資、刺激經濟需求、擴大公共增產以吸納社會剩餘勞動力等。此外，在對外向度上，也以國家為中心，透過國際組織，規範國際經濟循環之秩序，並建立以美元為基礎之國際經濟計算標準，如成立國際貨幣基金等。

由石油危機到目前資本主義第二次重建的特徵，則是國家從扮演分配的正義角色轉變爲著重自身對群眾和社會的控制及資本積累能力的角色。不論資本家、企業、國家機器皆力求從生產過程而非分配過程去擴大本身經濟剩餘的持有量。而經濟循環加速了資本、勞動力流動的國際化，導致了生產的去集中化現象，生產基地逐漸向工資或成本低、技術能力強的地區分布與流動。跨國企業的模型被確立，挑戰了以美國爲基礎的國際經濟秩序。

而資訊科技時代的來臨，改變了對生產型態的傳統認知，首先，生產系統的輸入項爲資訊，產出亦爲資訊，資訊的處理及透過資訊處理的不斷的知識積累，促成知識的產出極大化。其次，資訊科技在資訊處理的過程中，無孔不入的滲入人類生活的各個層面，其效應無所不在，包括政治、經濟、精神、物質等各層面。最後，環繞資訊科技發展而且以之爲基礎形成了一種網絡，包括微電子學、光電科學等，這些科技資訊在其中不斷的形成與解體，沒有固定的界線或範圍，但卻實際地形成了一個網絡。相對於其他領域的運作模式與運作邏輯而言，資訊科技網絡有其特殊的機制與邏輯，這種網絡與其他領域形成了一種互相依賴、互相證成的辯證關係。

隨著以西方爲主的人類社會生產能力由工業主義向資訊

主義過渡，伴隨來的資本主義重建工作事實上也影響了中國大陸在一九七八年十一屆三中全會後提出的改革開放，基本上，中共的改革開放後所面對的是以西方資訊主義爲主導的資本主義體系，中國大陸趕上的是第二波資本主義重建而非傳統的資本主義，這一點是值得我們注意的。而中國大陸在面對這波資訊主義全球化浪潮所進行的改革工作，也面臨了嚴峻的挑戰。

戰後奉凱因斯主義原則所重建的資本主義，在內政的表現上，是以福利國家的形式顯現出來，國家積極介入非政治事務，並且藉由擁有社會分配的正義、公平角色而被視爲具有正當性。在資訊主義主導下的第二波資本主義重建，對國家角色的要求有一個基本性質上的轉變：國家不僅要扮演正義、公平的角色，並需要直接變成生產力或至少有助於生產力快速提升的角色。

伴隨這些要求而來的，是國家由傳統的正義角色悄悄地轉變爲積極快速地投入資訊科技的建設之中，國家被要求需要快速地積累資本以便於能夠快速地投資資訊科技的建設[3]；但同時國家亦以資訊科技作中介橋樑以展現其總體能力。國家角色的轉變，使國家與社會的互動進入新統合主義階段，國家由過去依賴工會、協會作中介，轉而需要以資訊科技單位作橋樑來和社會大眾進行互動，此種以資訊爲中

心、以科技爲中心的新的國家組合主義的出現，對解釋兩岸關係間的發展也有一定程度的幫助。

在資訊主義的主導下，國家認爲其治理社會大眾的能力是提升的，而社會大眾在資訊主義的主導下也更積極想介入國家事務，國家機器與市民社會隨著資訊主義的到來，其互動因而更加強化或是彼此牽制，是政治學和社會學上的熱門話題。換言之，國家要求本身的總體能力提升而成爲強國家，社會亦希望藉由更多參與對國家事務的主導而成爲強社會，兩者之間是否會有衝突或各自提升自己的能力以求和諧發展，是未來值得研究的一個議題。

七〇年代末、八〇年代初以來，在資訊科技發展的制約下，國家職能與組織建制被導入不斷的調整之中，這都是爲了配合資訊化的技術典範來臨所必然做出的改變。前蘇聯政府瓦解的原因之一，即是未能因應資訊化典範來臨而做出因應之道[4]。

戰後西方從工業主義社會向資訊主義社會變化與轉折，而與此相配套的是，政治經濟運轉的指導原則亦由凱因斯主義向後凱因斯主義轉變。相較於西方社會的不斷轉變與自我調適，前蘇聯解體的主因之一，是因爲其無法適應資訊時代而做出相因應的調整所致。前蘇聯建立之初，在列寧主義、史達林主義的思考模式的制約下，走國家主義的政治經濟操

作模式，尤其在經濟領域中，將工業主義的操作模式表現得淋漓盡致。但前蘇聯一直鍾情於工業主義的經濟操作模式，而未能隨著時代發展向資訊主義轉折，故當其內部無法透過經濟機制的調整來支撐整個蘇聯的經濟運作，對外又無法適應西方向資訊主義轉折變化的挑戰時，便只有走上解體的命運一途。資訊網絡並無固定的界限、形狀，但不斷重組、再製；而且，這個網絡存在一種與眾不同的邏輯與機制。在此網絡空間下，政治、經濟、社會透過以資訊科技爲載體，超越了傳統的三度空間而形成了一種新的且更廣大的互動關係網絡。此種網絡，對傳統組織帶來革命性的影響，漸漸地成爲一種生活上的主流趨勢，且亦成爲理解當代政治、經濟、社會生活的關鍵性問題。兩岸關係在資訊主義時代的制約下，亦必須放到這個網絡下來觀察。

　　資訊科技的發展一直處在日新月異的變動之中，速度之快令人措手不及，而資訊結構本身更是具有高度的彈性與變動性，爲因應此變動時代，政治和經濟操作本身就必須具有高度彈性，甚至企業之組織、運作亦必須具備高度彈性，當然國家機器亦不能免於這一波變動之中，政府組織和結構亦必須具備彈性調整的能力。由於資訊主義時代的影響，將政府和非政府組織皆納入一種以它的運作邏輯爲思考核心的調整變動中。環繞著資訊科技的網絡本身會形成一套系統，這

種系統不是一種封閉的環境，而是向外開放的。反映在政治、經濟、社會生活的操作中，就端視操作者是否能更有效地將這個開放的系統轉換為更具效率的可供自身使用的系統，如跨國企業運用資訊科技，在生產和決策方面朝去集中化的方向發展。

三、非國家／政府實體的發展

　　如前所述，所謂的資訊領域指的是透過微電子、光纖電子、衛星通訊以及其他電信資訊等高科技技術所串起來的一種網絡空間，這種空間不再是作為人溝通的工具而已，而是被塑造成一個特殊的生態，而且，是可以供人居住、生活的物理實體。網絡空間將成為不只是菁英互動的場所，更是社會大眾生活、並在其中形成社群的空間[5]。此一空間是全球性的，不再侷限於民族國家內部，是一種由下至上、無固定疆界、有機的無形生態環境。具有高度的開放性，並且反對階層式威權，此種全球性的資訊空間，是充滿彈性且具有高度的流動性的，它涵蓋了人類生活的一切面向，甚至連軍事國防之計畫操作亦不可避免地被納入其中。

　　由電腦網路和電信傳輸技術所建構而成的資訊生態，沒有固定的界限，而流動性是它的本質；因為在這個生態中，

資本、技術、符號都處在不斷的流動過程中；而也因為如此，空間也隨著流動、漂浮起來，不再固著在固定的地理和民族國家實體之上；當然，他們的生活實踐場域也跟著流動、漂浮，不再以固定的地理和民族國家作為界限。在這個資訊生態中，交織著電子脈衝網絡，並且透過許多節點來連接這些網絡，而這些節點指的主要是那些「資本－技術」菁英。這些菁英與電子脈衝網絡形成互相支撐、互相保證的結合關係，衝破了國家地理界限，把更多的事物和人的生活實踐層面捲入資訊生態中[6]。

在這個資訊生態中，政府已經無法壟斷有關資訊的收集與獨占的權力，而許多人和單位或團體，利用和獲得資訊的能力大為增加，這相對地也使得非政府組織的人員和數量的快速增加獲得現實的物質支撐。如此一來，非政府組織的權力相對於國家，當然也就大大地提升[7]。此外，在資訊生態中，由於掌握資訊和以資訊為基礎的知識的能力，影響包括國家和許多非政府組織的競爭力和發展前途，非政府組織在這方面能力和權力的相對提升，當然相對的會衝擊政府的權力地位，政府被迫或自然而然地必須和非政府組織分享權力，國家／政府與非政府組織在被納入資訊生態的同時，資訊生態的流動性，使得問題的解決不可能只侷限在國家範圍之內來進行，而必須透過跨國界的作為和過程來加以處理。

其實，國家／政府、非政府組織、企業、「資本─技術」菁英，都是資訊生態中的節點，他們之間透過電子脈衝網絡作為中介，必須形成一個合縱連橫的關係，彼此互相支撐、互相保證，而不是互相排斥。被納入資訊生態中，做為其中的節點，就會具有銜接資訊生態網路的角色，不能被其他節點所排斥或故意視而不見。

換言之，透過資訊生態流動性而來的是權力的去集中化，因為在這個網絡沒有中心也沒有處於頂端者，雖然節點之間可能有大小之別，但彼此絕不能宣稱我的權力地位絕對凌駕你之上，而隨著權力的去集中化而來的是，等級結構和制度的解體與破壞，分化的網絡是資訊生態的基本要求，而被納入資訊生態中的節點，其內部結構同樣的也會被要求要朝分化和網絡化的方向發展和轉折，就連政府本身亦復如此。不過，傳統上做為等級森嚴的權力實體的政府，要朝這個方向轉化，基本上會面臨進退兩難的困境。若不往前轉化，則可能和資訊生態的邏輯機制格格不入，甚至有被甩出資訊生態的危機；但是，若往前轉化，權力的分散，將使政府傳統的權力地位遭到進一步的侵蝕。

處於資訊生態中，政府的傳統權力當然會受到侵蝕，而包括企業、非政府組織在內的市民社會的權力會增加；不過，我們不能從零和的格局來看待這些現象，因為上述這些

現象正顯示零和觀點的侷限。因為，政府傳統權力的受侵蝕，意味著其權力角色的轉變與調整，我們不能貿然地去推論政府或國家即將式微、凋零或消亡，國家／政府在資訊生態中仍將扮演不可或缺的節點，只不過，它不能排斥非政府組織、企業等市民社會的單位和力量作為資訊生態中的節點；而且，它不能再繼續以國家中心為基礎，去排斥和市民社會的權力分享，因為，資訊生態的流動性，使得問題的解決必須透過政府和非政府這些節點之間的合縱連橫才得以完成，亦即，資訊生態的流動性，決定政府必須有能力和非政府組織或力量合縱連橫，以及藉此來解決許多跨國界的問題。亦即，國家和市民社會的界限絕對不能再被簡單的二元劃分，彼此已經形成一種相互支持、相互保證的辯證結合關係；而隨著資訊生態的流動性所延伸出來的是，市民社會的全球化和跨國化，因此，國家和政府與市民社會權力的分享，絕不會是在內政主權向度上來進行，會涉及到互賴主權的向度，在跨國領域中來操作。在資訊生態中，由於權力的去集中化，也有可能導向激進的無政府狀態和權力叢林的危機之中，這種恐懼使得在資訊生態中的節點，當然也期待規範的存在。當然，資訊生態中的規範，相當程度是由電腦網路和電子傳輸技術所延伸出來的邏輯和機制所決定的；但是，人們總是希望這些邏輯和機制不會使資訊生態陷入上述

的危機之中，因此，人們仍然會期待國家能夠出面和資訊生態中種種跨國性的節點，透過種種方式和途徑，去逐步摸索和建立有關資訊生態中的規範；因此，在資訊生態中，國家不會消亡，只不過不能再宣稱自己是絕對主權的化身。

四、主權觀念的變化

一六四八年的威斯特伐利亞（Westphalian）條約的簽訂，開啟了近代的主權觀念的序幕，這個條約不但反映了古典霍布斯時代的主權概念，也反映了現實主義國際政治的觀點，即是學者稱之為「硬主權」的主權觀念。與霍布斯式主權觀念相對立的，是由理想主義或自由主義觀點下所發展出來的「軟主權」或稱為「互賴主權」的概念。不論是哪一種觀點，主權的觀念都必須與國家的概念放在一起討論，換言之，一個主權不能天馬行空地憑空出現，主權的存在與行使必須透過以國家為載體才能彰顯出其意義。

自十六世紀以來，主權概念化過程與近代歐洲國家在對主權意義的形塑上是一種亦步亦趨的關係。主權概念不斷的強化和民族認同的出現與發展亦具有緊密結合的關係。威斯特伐利亞條約所確立的主權概念強調兩個內涵：一為主權是與國家同時並存的，國家是作為主權行使的載體，同時作為

主權體現的操作工具。二是各主權國家之間的平等性，國家不論大小在國際間的地位是相同的。但是關於第二點，一直到十九世紀時才成為國家間互動交流所彼此遵守的原則。第一點內涵中體現的是國家領土的固定性，即國家主權是透過擁有確定領土來展現的。近代以來國家的概念化與現代國家的形塑皆是奠定在三度空間的有限地理疆界的劃分而成為可能的。威斯特伐利亞條約所體現的主權是一種古典的主權意涵。伴隨著資訊主義的發展，後工業社會的時代已經來臨，但我們對主權的概念，仍然停留在古典階段上，這也造成了國際衝突的重要根源；由此問題所衍生的爭議點則是，在國際關係理論上基於硬主權和軟主權兩大路線的爭論，這一現象也反映在兩岸關係對主權的爭論上。

近代以來，在主權概念化的過程中，值得我們注意的問題是國家這個概念的具體實現原則，是以具體的有限地理疆界做基礎的。而現代國家之形塑與人類對於非人格化的法律和憲政秩序的追求是息息相關的，同時也與人們追求非私人化、非私有化的強制力與暴力的使用是相關聯的。現代國家的發展，與現代人揚棄中世紀的封建體制是相互掛勾的，西方中世紀時期的封建體制，是對中世紀「封土建國」現象的描述與概括，封土建國指的是將土地私人化，並由此使個人得以掌握權力，建立屬於私人的權威或權力領域；故封建主

義即是一種權力的私有化，據此發展出來的便是一種權力的個人化的表現。

　　相對於封建主義時期權力的人格化、私有化情形，現代國家所追求的是希望可以在現實世界建立一個非人格化的權力或權威。我們回溯西方歐洲歷史，在最早的古希臘時期，是以城邦國家為基礎的階段，並沒有國家與社會的區隔，同樣的也沒有公共和私人領域的區隔，是由市民直接統治城邦，市民本身即為公共事務管理的主權擁有者與操作者，同時也是所有法規和律則的制定者。城邦市民直接參與行政、司法的公共事務的操作，市民的私人生活被要求服從於公共生活下。在這種情況下，並不具備一個被要求高高在上的、跨越各形各色主體之上的、獨一無二的絕對權威的主體存在[8]。

　　希臘之後的羅馬帝國，標誌著一個單一的、集中化權力的出現，統治者代表最高權力、權威的象徵，亦為實際權力操作的執行者。這個原則的確立可視為是主權思想的發軔之始[9]。

　　羅馬帝國式微後，進入了中世紀的封建主義階段，這一段時期的特色是基督教的發展與擴張進而統一歐洲，故當時歐洲可視為一個基督教的王國。在基督教主導下的世界觀，將權力、權威之方向由世俗之方向轉為超世俗的方向來說

明，而伴隨此轉變而來的政治活動的正當性基礎，亦由神本
的目的論式論述取代了原本的世俗的權力正當性論述，這種
以神本式爲主的權力來源論述與原本的世俗來源論述產生了
張力，造成權力操作的二元分裂對立現象，進而導致了政治
和宗教間的衝突。而雖然強調世俗權力的正當性來自彼岸世
界，但是誰才是眞正代表彼岸世界的權力正統，也引起了宗
教內部嚴重的鬥爭與分裂。此一現象又與封建主義的發展交
纏在一起，宗教的發展和擴張並未促進歐洲的統一，反而引
發了嚴重的政治分裂；而在宗教上爭正統的歷史因素，更加
遽了政治上的分裂，宗教成爲中世紀歐洲分裂的火上加油的
因素[10]。

十六世紀爲歐洲歷史轉折的重要世紀，法國學者布丹
（Jean Bodin）首先明確地提出了有關於主權的論述。他認爲
主權存在的目的是在現實世界中建立一個超越世俗與宗教權
力的最高權威，以求爲人們建立一個和平、穩定的安全生活
條件與生活結構。而此一超越世俗與宗教權力的最高權威，
應成爲現實世界中權力行使的正當基礎。法律的制定與執行
透過此種權威而成爲可能，這種權威應超越任何形式的主
體，不必透過主體的同意，便可將法律、政策強制性的施行
在各種主體身上。

由於中世紀西方封建主義制約下的權力和武裝力量的私

有化，是導致大小國家之間彼此征戰不已、生靈塗炭、人民生活苦難的主要原因，所以布丹提出上述主權論述，主張一個非人格化、非神本的最高權威，並以此權威為基礎建立一個和平、穩定、安全的生活情境。

對布丹的主權論述，一般認為有兩個問題：一是布丹僅論述主權的本質，卻未回答主權如何成為可能，其來源之基礎何在？這一點成為在布丹之後的霍布斯（Thomas Hobbes）、洛克（John Locke）和盧梭（J. J. Rousseau）積極想回答的問題。二是布丹未指出主權在現實操作上需要依托而加以實踐的載體為何，是國家或其他機制？此載體活動操作之範圍為何，若不加以規範，將侵犯人們的生活權利，這也是近代思想家所亟欲回答的問題。

而不管是霍布斯的「國家主權」或盧梭的「人民主權」主張，都是從預設一個以實體地理疆界為基礎的國家實體，做為論述的基礎。在一定地理範圍內的「主權」，不管是透過人民或國家作為載體，都是絕對的而且不容來自其他地理範圍內的力量介入和干預。一六四八年的威斯特伐利亞條約所確立的主權觀，基本上體現了上述這種原則和精神。

傳統國家的概念奠定在三度空間的地理實體上，而隨著資訊主義時代的來臨，空間概念已由三度空間轉變為多度空間，即網路空間（cyberspace）和資訊空間的出現，使傳統

的三度空間觀念瓦解。在網路空間範圍內，過去與現在可交叉變換，現實與虛擬之間亦可交叉變換，全球的事務亦可以及時地在網路上被呈現出來。過去的時間觀念是一連串因果的連結過程，但現代時間序列則難以再用單純的因果序列來定位與區分。換言之，當歷時性與共時性不再截然二分，空間與時間的交叉變革下，整個轉變向一種後現代主義的方向上發展。

在這種發展下，現代的主權觀念已經進入一種革命的過程之中，奠定在固定的地理界限上的主權觀念被瓦解掉，而出現一種新型的主權觀。此乃對應網路疆界而形成的，亦可以稱之為網路主權；這種主權觀念與傳統固定的、實體化的地理界限或疆界範圍脫勾。實體主權和虛擬主權二元並存的現象開始出現。

有人認為應該將實體主權納入虛擬主權的範疇之下，與之對應而來的是地理疆界與網路疆界並存的問題。國與國之間的互動，可以在網路空間中進行而非一定要在實體空間中。區域與區域之互動亦可納入網路空間進行，甚至戰爭亦然。虛擬與現實之間的關係會產生很大的逆轉，在這個逆轉當中，虛擬會變得愈來愈真實，甚至取代現實；而現實會變得愈來愈不真實，甚至被當成是虛擬。

網路空間作為一個超越國界的領域，獨立於三度空間與

地理條件的限制之上，人類也開始向此空間「移民」，而且不分國界、種族、男女。生活中更多的部分需要靠網路來完成，人類除了現實生活中所需要扮演的角色外，更逐漸要使自己成為網路空間中的居民，並且藉由這種移民，人類能獲得更多生活上的方便與資訊，並適應新時代的生活模式。

現代國家的形式是以實體土地的占有、地理疆界為基礎所產生的，即國家利益是建構在維護疆界和爭奪土地之上的。其背後的預設基礎為土地的有限性和地理的有限性。但目前許多人認為，隨著資訊主義時代的來臨，以往土地空間和資源的有限性作為衝突的理由已不存在；因為隨著資訊時代的來臨，人類已經進入知識經濟的時代，其生產的輸出和輸入皆是以資訊作為基礎，經濟運轉的過程與目標亦是資訊。做為推動知識經濟的動力為資訊的豐富性，而非稀有性；資訊的過度負擔、過度豐富才是人類的問題，而非土地或資源的稀少或缺乏而導致人類的衝突。決策者做決策的時間壓力急速增加，因為，一方面必須面對龐雜的資訊源，另一方面又必須在有限的時間中做出決策，故容易因為時間不足而導致誤判，而這成為現代戰爭、衝突發生的主要原因之一。

中共的改革開放，主要在打破閉關鎖國的狀態，積極地進入西方資本主義世界體系。但伴隨而來的是中國大陸被納

入全球資訊主義覆蓋的領域之下，中共被迫必須加強國家資訊基礎建設，而這又為中共的統治模式帶來挑戰，衝擊其統治的基礎。

對中共政權統治的衝擊可以由下列兩方面來探討，一方面是由於中共的統治基礎是建立在透過對一定領土範圍內的人民有效控制作基礎。但資訊科技透過網路空間所形成的是一種去集中化的結構。另一方面則是由於透過以資訊科技為基礎的市民社會，已經越過國界而實現全球化，與全球非政府組織結合在一起。

中共為了防止資訊主義的發展衝擊其統治權，頒布了許多管制法令和措施，以防制透過由網路空間而來的西方價值觀念的滲透與影響。中共一向擔心西方的和平演變，因此在對外開放的同時，也一直在作所謂清除精神污染的工作。但在資訊主義的制約下，反和平演變的工作變得非常複雜。

上述的衝擊也波及到中共主權的行使。改革開放以來，不論是在面對國內或是國際問題上，中共仍是以傳統的絕對主權觀念來作基礎，這一點已經使中共在許多問題上遭到不少挫折。九〇年代以來，在前蘇聯瓦解和資訊化、全球化的衝擊下，中共已經能比較放軟身段，如在處理南海主權爭議問題上，中共提出「擱置主權、共同開發」的建議，此外，中共也與許多國家建立不同形式的伙伴關係，但在兩岸關係

上，中共仍然堅持絕對主權的立場。

　　由威斯特伐利亞條約所延伸形塑的傳統，強調附著在國家地理疆界上的國家權威，這個權威擁有至高無上的地位，並且可以對外代表固定地理疆界中的人與物。這個傳統從國家中心的立場出發，將國與國的互動看成是全球運轉的主體內容。但在具體的實踐層面，很多事務和現象實在很難從國家中心的角度來加以觀照，而是具有跨國性的，尤其是諸如環境污染、人權、毒品、犯罪、走私等諸多問題，都不是靠個別的國家所能單獨處理的；而且，在資訊化時代來臨的制約下，更多的事務是具有跨國流動性，本質上就是屬於全球的，這些形勢的發展，都暴露了上述主權傳統的侷限性。因此，在實踐層面上，「主權」這個語辭的使用，其實是超越於上述的傳統的侷限之外的；當然，上述傳統在「主權」的實際操作中，仍然扮演相當核心關鍵的角色。

　　威斯特伐利亞主權傳統，強調國家可以排除外來行動者的干預，由此重點延伸出來，便成為國際政治現實主義的論點所在，現實主義依此將國際社會看成是無政府主義狀態；因此，這個傳統將國家的權威和正當性奠定在代表固定地理疆界的人事物的基礎上是不證自明的；但事實上，在國際社會中，國家的權威和正當性，不可能只由這種向度來加以證成，而必須透過相互承認來加以表現。因此，在國際社會

中，主權會延伸出國際法的意涵，於是，國際法主權（international legal sovereignty）是威斯特伐利亞主權在國際社會向度上的表現。此外，從威斯特伐利亞主權雖然可以解決國家的正當性問題，但實際上並未能解決政府或政治組織對內的權威行使的問題；於是，在對內向度上，威斯特伐利亞主權延伸出內政主權（domestic sovereignty），宣稱政府擁有對一定領土範圍內實行有效控制的權力。透過國際社會和對內的雙向度的延伸，威斯特伐利亞主權在實踐層面上才算具體，而不會停留在抽象的層面上。但是，就如前述，特別是資訊化時代的來臨所造成的資訊、觀念、財貨、資本、污染、人員、犯罪等的高度流動，已經使從國家中心出發所設想的世界結構秩序逐漸失去合理適當性，很多的事務和現象很難再以國家為單位，簡單地區隔為內外，基本上都是屬於跨國界和全球性的。於是國家政府必須讓渡某些權威和權力，和跨國的國際組織或非政府組織合作來共同面對解決問題，如果不願如此做，將使各國皆蒙其害，而問題與事情也始終得不到解決。這將反過來反噬國家政府的權威和正當性；因此，國家和政府的權威和正當性，已經不可能靠絕對主義的主權宣示和主張來加以證成，而必須透過相互讓渡所延伸出來的互賴、合作，才能實現，如此一來，就會形成一種互賴主權[11]（interdependence sovereignty）。這種形式主權

的出現，表示主權必須透過政府間的互賴才能更為圓滿，也才能被證成。事實上，國際政治自由主義的核心論述，基本上是透過將絕對主權往上述這種互賴主權轉化來進行論述的。一個國家或政府能夠和其他國家政府建立互賴主權式的關係，是一種能力的表現，表示其能夠去規範、控制跨越國界的事務和問題。

在上述四個不同面向的主權向度中，其中國際法、威斯特伐利亞兩種主權涉及到國家政府的權威和正當性問題，而內政主權則涉及到國家和政府的權威和權威行使能力的問題，至於互賴主權則主要涉及到國家和政府的控制和規範的能力。一個國家和政府具備了這四個向度的主權，表示其不只擁有正當性，而且還具有權威和能力。但是，在現實世界中，一個國家可以擁有其中某種主權，但卻不必然擁有其他主權，甚至在行使某種主權時，可能會傷害其他向度主權的行使。如台灣擁有威斯特伐利亞主權，但卻沒有充足的國際法主權地位，此外，就算擁有充足的國際法主權地位，但卻不見得有能力去處理好內政事務與問題；或者是就算擁有國際法主權、威斯特伐利亞和內政主權地位，但卻沒有能力處理跨國界的事務與問題。在資訊化和由資訊化所加快推動的全球化的制約下，國家和政府處理跨國事務和問題的能力，對於抓緊或增加其權威和正當性會愈來愈重要。

五、結論

　　在資訊化、全球化時代，網路空間的興起，造成傳統國家／社會的關係面臨嚴峻的考驗，同時也使得傳統主權的概念受到了挑戰，由威斯特伐利亞主權觀念延伸出來的國家／社會關係正逐漸被新的主權觀念所延伸出來的國家／社會關係所替換。在此氛圍下，傳統國家所代表的絕對權力／權威觀念，也逐漸地被瓦解，社會相對於國家擁有更多的自主權力。這一點相當程度地反應在改革開放後的中國大陸國家與社會的關係上。

　　資訊化時代，人類面對的是一個全新的國家／社會關係；當國家擁有的絕對權力不再，社會相對於國家擁有愈來愈多的自主權時，國家與社會呈現的關係將會如何演進，國家所扮演的角色與功能將如何與未來型態的社會互動，相信會是一個頗值得探討的議題。

註 釋

[1]曼威‧柯司特（Manuel Castells）著，夏鑄九等譯，《網路社會之崛起》，台北：唐山，2000，頁86-88；Manuel Castells, *The Informational City: Information Technology, Economic Restructuring, and the Urban-Regional Process*, (Oxford: Blackwell, 1989), pp.10-11.

[2]Manuel Castells, op cit., pp.17-19.

[3]Ibid., pp.25-31.

[4]同註[1]，頁98。

[5]Alan D. Campen & Douglas H. Dearth eds., *Cyberwar 2.0: Myths, Mysteries and Reality*, (AFCEA International Press, 1998), p.77.

[6]同註[1]，頁428-429。

[7]Jessica T. Mathews, "Power Shift," *Foreign Affair,* January/February 1997, pp.51-52.

[8]David Held, *Political Theory and the Modern State*, Polity Press, pp.216-217.

[9]Ibid., p.217.

[10]Ibid., pp.217-218.

[11]Stephen D. Krasner, *Sovereignty: Organized Hypocrisy*, (Princeton University Press, 1999), pp.3-9.

第四章
後殖民論述與當代中國之初探

一、從殖民到後殖民：變遷中的主權與文化

　　要談「後殖民主義」（postcolonialism）發展的起源和意涵，就必須扣緊近代以來「殖民主義」和「新殖民主義」的概念，這當然也要由區別「帝國主義」與「新帝國主義」的向度上著手來進行。

　　區別「殖民主義」和「新殖民主義」的最簡單分野，便是由時間的向度上來看：一般所謂的殖民主義或是舊殖民主義，指的是在第二次世界大戰之前，西方的資本主義工業國家在政治、經濟領域上與非西方國家間的互動與相處模式。而新殖民主義指的則是第二次世界大戰後西方國家與非西方國家（特別是第三世界國家）在政治、經濟領域上的互動情形。但在以時間作為區隔點的分法下，隱藏的是一個更重要的觀念，即主權表現的方式與是否獨立。在舊殖民主義時代：非西方國家在主權的行使上是被西方國家透過以武力或軍事力量徹底或部分取消或替代的；而在新殖民主義時代，西方國家雖然放棄了以武力來挾制非西方地區的主權行使，並且使非西方國家取得形式上的主權獨立，但卻透過另一種政治力或經濟力的行使來制約第三世界國家，使其在政治、經濟上並未獲得實質上的獨立狀態，換言之，主權在實質上

並未獨立[1]。

對舊殖民主義批評的濫觴，一般是以馬克思主義為主導先驅的，具體表現在如布哈林（Bukharin）、羅莎盧森堡（R. Luxemburg）、列寧（Lenin）等人的相關著作裡，從馬克思（Karl Marx）以降一直到這些第二、三代馬克思主義者，代表對舊帝國主義理論的批判與反對，如盧森堡一九一三年的著作《資本的積累》、列寧一九一六年完成的《帝國主義是資本主義發展的最高形式》等皆是。但這些人還不是最早對帝國主義做出批判論述的人，真正最早的先驅者當可以推及 J. A. Hobson在一九○二年的《帝國主義》（*Imperialism*）一書及一九一○年N. Angell的《一個大的迷思》（*A Great Illusion*）。

至於第二次世界大戰後對新殖民主義的批判，則是透過如「依賴理論」（新帝國主義論）、「世界體系理論」來凸顯西方與非西方在互動過程中不對等的政治、經濟關係，著名的批評者如法蘭克（F. H. Frank）、卡多索（F. H. Cardoso）、貝倫（Paul Baran）、華勒斯坦（I. Wallerstein）等人。透過這些新殖民主義者的批判邏輯思維，後殖民主義者將關注焦點集中到文化向度上，並發展出相關的後殖民論述來。

要瞭解這些殖民論述之何以產生，便要先瞭解帝國主義和殖民主義之間有何區別，這一點毫無疑問的，我們可以由

馬克思的說法裡找到答案：在馬克思的認知裡，資本主義在本質上便是一種全球性、國際性的，在其不斷的發展和擴張下，結果便是形成一個以全世界為主體的統一經濟體，將世界市場全部納入其運作機制和邏輯之下。這一點，馬克思在其著名的《共產黨宣言》（*The Communist Manifesto*）、《資本論》（*Capital*）等著作中不斷提及。資本主義藉助西方對非西方的貿易途徑或武力途徑不斷地往外擴散，使得落後地區資本主義化。用馬克思的說法，西方國家不斷地在上層建築和下層建築中對非西方國家進行壓迫與宰制，並從中獲取自身的最大利益，而在這種西方國家向外壓迫和宰制的過程，構成了西方帝國主義時代的興起。

從馬克思主義的角度觀之，在看待資本主義和帝國主義的相關性時，必須要理解帝國主義形成的最基本基礎，是伴隨著資本主義的全球化擴張來進行的，換言之，帝國主義是以資本主義全球化為載體的，透過資本主義全球化的操作來使西方世界的力量擴展到非西方世界成為可能。馬克思雖然在其著作中並未使用到「帝國主義」一詞，但在其之後的反帝國主義論述的主流傳統，皆是延續此種「西方世界力量伴隨資本主義全球化而延伸出去」的模式來理解帝國主義的，所以，馬克思可謂是創造了一個「沒有帝國主義概念的帝國主義傳統」。

值得注意的是，殖民主義是帝國主義表現的一種方式、一種途徑，而舊帝國主義理論最主要想探究的一個核心概念是：西方資本主義工業國家向外擴張時，在爭奪殖民控制主導權過程中的互動關係爲何？這一類研究可以列寧爲代表。列寧關注的焦點集中在西方國家對落後地區的侵略過程中，這些帝國主義國家彼此間的權力互動關係。藉由這種權力擴張過程中所引起的矛盾與衝突，列寧解釋了第一次世界大戰會爆發的原因。列寧的關注重點不在強調西方與非西方國家在政治、經濟面向上的互動情形。這一點，與二次大戰後的新帝國主義，所強調的則是西方與非西方的政治、經濟的互動關係是有所不同的。

　　一六四八年，威斯特伐利亞主權（Westphalia sovereignty）觀念被提出，一種「硬主權」、「絕對主權」的觀念被確立。但自十七世紀以來，主權在國際政治現實上卻始終不如理論上那麼地具有單一性與絕對性，而是朝向四個面向發展，四種主權的觀念在國際政治上彼此競逐，交相作用，第一種是威斯特伐利亞主權，強調主權的獨立性，國與國之間彼此互不侵犯、互不干涉。第二種是國際法主權，強調民族國家之間相互承認的原則，透過擁有在國際法上的合法地位，使民族國家存在的正當性基礎更形鞏固。第三種是內政主權，這是威斯特伐利亞主權在內政上落實的表現，強

調政府擁有國家主權的最高權威，擁有最高管理控制的權力，與威斯特伐例亞主權是一體的兩面。最後一種是互賴主權，這是二次戰後發展出來的，其主要是因應資訊主義、全球主義時代來臨所以建構出來的「軟」主權形式，是國家用來解決跨國事務的能力的表現。這四種主權彼此之間有關聯性，顯示國家在面對不同條件下，可以表現出不同的主權行使模式[2]。

舊殖民統治的定義，是以一個國家的主權是否全部或部分被取消、替代作爲被殖民與否的具體標誌，新殖民主義對被殖民與否的看法則非如此，他們認爲，第三世界國家在二次戰後雖然「形式上」主權已經獨立，但在政治、經濟仍然結構性地依賴昔日的西方宗主國，所以「實質上」主權並未眞正獨立，仍然是處在一種「被殖民」的狀態。

由（舊）殖民主義到新殖民主義，是對威斯特伐利亞的硬主權概念的揚棄與挑戰：何謂主權？何謂獨立自主？民族國家的實質獨立自主如何可能？這些問題重新躍上人類的歷史舞台，所以，對新殖民主義批判所形成的新帝國主義批判，便是在解決民族國家實質上如何獨立自主的問題，而後殖民主義亦在回答此一問題，差別在新殖民主義重心點在政經方面，後殖民則是在西方與非西方不對等的文化關係上。舊殖民關聯著舊帝國主義，新殖民和後殖民則是關聯新帝國

主義，而後殖民又是由文化向度上作思考的。

二、後殖民意涵：文化霸權&知識霸權

後殖民主義者由文化的向度上做思考從而提出疑問：主權的形式獨立是否是眞正的獨立？民族國家的獨立自主是否可能，如何可能，用反殖民主義者的話語來理解，即「解殖」（decolonization）這個過程和行爲是否可能？如何由文化向度去解除這種被殖民的狀態？第三世界一直強調的「解殖」，究竟有無可能？

後殖民主義者在論述西方相對於非西方的後殖民現象時，最常使用的是傅柯（M. Foucault）的「知識／權力」概念和葛蘭西（A. Gramsci）的文化霸權（hegemony）理論。傅柯在《知識考古學》（*The Archaeology of Knowledge*）中強調西方近代知識建構和權力獲取之間的關聯，葛蘭西則是強調知識建構與統治正當性基礎之間的關係。這對後殖民主義者在理論鋪陳的過程中有相當大的助益。但由於後結構主義和馬克思主義在理論結構上帶有相當程度的張力，逐使得後殖民主義者將這些理論架構用來支撐自身的立論基礎時，也受到了不少的質疑。這些質疑的爭議點集中在後結構主義是否可以與馬克思主義結合？又後殖民主義與後結構主義、馬

克思主義之間的關係應該如何理解？

在Robert Young的著作《白色的神話》（*White Mythology*）中認為，後結構主義與馬克思主義的結合是很不可思議的，因為後結構主義本身是一種解構本質、解構主體的論述，而葛蘭西的文化霸權是以階級為主體，本質上是「階級中心論」，所以，兩者是充滿張力的。但是，在著名的後殖民理論家薩伊德（E. W. Said）的著作《東方主義》（*Orientalism*）裡，卻將兩者結合，運用傅柯和葛蘭西的理論批判西方中心主義及其所含攝的本質主義。

此外，針對後殖民、後結構主義和馬克思主義三者之間的是否可以結合，則具有兩種不同的意見：

持否定說者認為：馬克思主義在本質上帶有一種對西方啟蒙傳統的揚棄、反動的意涵，是以想要重建一套新的啟蒙傳統為基礎的。馬克思主義仍然是一種西方中心主義論述的體系，具有薩伊德筆下的「東方主義」的色彩，最明顯的依據是馬克思在論述資本主義的擴張時，強調資本主義對非西方地區的滲透，會給西方地區帶來資本主義化的經濟發展。所以，馬克思是一個以西方為中心的「資本主義普世論者」，《共產黨宣言》中曾強調：「西方的現在，就是其他地區的未來」。所以很多人認為馬克思主義不屬於後殖民論述，因為其仍然具有鮮明的西方中心論色彩。馬克思雖然揚

棄了西方舊的啟蒙傳統，但仍企圖建構一個以西方為中心的一種普世價值；共產主義的訴求以及要求全人類解放是建立在新的啟蒙傳統下所提出來的，仍是以西方為中心來建構的。

持肯定意見者如後殖民理論家史碧娃克（G. Spivak），她認為只要由馬克思對資本主義的批判方法是一種「解構」的觀點來看，馬克思主義與後殖民主義便可以結合。因為後殖民主義者關心的是西方與第三世界國家的文化關係，即第三世界如何面對西方文化、意識形態宰制的問題、第三世界如何面對西方所建構的東方論述以及第三世界如何面對西方透過啟蒙傳統所形塑的東方論述下的霸權？即第三世界如何在透過西方啟蒙傳統所形成的霸權下獲得解放，是後殖民主義者所念茲在茲的一件事。史碧娃克認為，後殖民主義與後結構主義、馬克思主義三者的結合是一種「策略性」、「戰略性」的結合，而非是永恆的結合。所以三者的結合是可能的，但非是一種永恆性的結合，不透過後現代、後結構要想解構啟蒙以來的現代性，基本上是不可能的，所以，要在策略上結合起來。

然而，這涉及了另一個問題：後結構主義結合馬克思主義，在解構啟蒙、解構現代性上，又是如何可能的？這是需要一段相當長時間的歷史發展過程的，這部分我們必須歸功

於法蘭克福學派的努力。法蘭克福學派（Frankfurt School）的理論建構是基於對法西斯主義的批判與反思，解釋法西斯主義之所以生成的原因。法西斯主義和集權主義的形成，是西方啓蒙傳統所引致的辯證悲劇，是凸顯工具理性、策略理性極大化所導致的結果。

　　霍克海默（M. Horkheimer）、阿多諾（T. W. Adorno）告訴我們，以西方爲中心的文化與文明的歷史，並不具有普世的價值，是會釀成殘酷的悲劇的，例如異化、商品化的現象，便是啓蒙傳統下的辯證悲劇。所以，馬克思主義雖然也是一種以西方中心爲主的現代性理論，但卻是由現代過渡到後現代的一個很重要的中介橋樑。

　　啓蒙傳統帶來西方對外政治、經濟的擴張，這是一種知識與權力之間相互結合、相互滲透的擴張，也是一種西方中心主義合理化的論述依據。啓蒙傳統建構了以西方爲中心的大理論、大敘述，做爲一套替西方行爲做出辯護的理論依據。這種西方主體中心觀的形成，是在一種歷史情境制約下所產生的，啓蒙以來則被視爲是一種普世價值。後現代、後結構主義反對這種看法，認爲這是悲劇的根源，並基於對此的反省而躍上學術思想的舞台，這種看法成爲之後後殖民論述之所以得以開展的重要依據，若無此二者之鋪陳，後殖民在理論上會顯得十分薄弱。

三、後殖民的策略性：策略性結合＆話語權力

後殖民主義著重在談第三世界如何面對西方的啓蒙傳統所帶來的文化侵略，例如東方主義的論述方式，便是西方啓蒙傳統的具體表現，也是一種以西方爲中心的大論述，是一種普世主義價值的大論述的傳承。後殖民主義者關切非西方地區如何由東方主義論述下解放出來的同時，面對後殖民與後結構、後現代主義之間的關係，因爲作爲一個後殖民主義者，在理論的表現上，通常也會是一個後現代、後結構主義者，這三者的關係其實是彼此關聯的。但是，後殖民主義者承認自己是一個後現代、後結構主義者，那就表示其未曾跳脫西方文化霸權的宰制，所以，後殖民主義者如果強調自己與後現代、後結構主義者之間是一種策略性結盟的關係，因爲，後殖民主義者在理論論述上是必須透過後現代、後結構主義去作槓桿以打入西方主流市場的。

由後殖民主義看第三世界內部的國家建構、民族建構、文化建構，很容易走上一條「化約的國家民族主義」道路，例如在文化建構上，若過分強調本土文化的民族特徵，則會認爲民族主義是文化建構的唯一內容與結果，從而會要求制定一種一體化的權威，要人民效忠此種在民族主義思維下所

建構出來的權威，而這種要求是與後現代、後結構主義充滿張力的，是反後現代、反後結構主義的，甚至也是與後殖民主義真正的訴求背道而馳的。

由這裡便導引出一個有趣的問題：第三世界受到西方經濟和文化的宰制，要解除西方這種宰制的合理化辯護基礎為何？高舉民族主義的旗幟會是唯一的出路嗎？這真的可以作為「解殖」的合理化辯護基礎嗎？在這裡，我們便必須要面對殘酷的民族主義建構的命題，因為若只是將解殖的意義全部歸結到民族主義上，便會很自然地落入後殖民主義者所要批判與解構的西方世界那一套「宰制」性的邏輯中，而這與後殖民論述本身的精神是充滿張力的。而其中關鍵所在是：如何使第三世界避免在解脫西方殖民的同時，落入另一種內在殖民中。

後殖民論述者批判西方文化霸權的同時，也就是在批判西方中心主義，以及西方中心主義形成的歷史基礎，亦即是啟蒙的傳統。他們認為西方本質主義的源由是來自啟蒙的大傳統，因為啟蒙傳統的存在，使得西方相對於東方存在一種優越性。東方由於沒有經歷過啟蒙時代，所以在歷史的發展上是落後於西方的。這種批判雖然指出西方本質主義形成的歷史謬誤，但卻也不可避免地落入了另一種本質主義中。

後殖民主義者批判西方中心的同時，容易落入由第三世

界與西方世界在文化、語言的差異性上去批判的西方中心主義與本質主義；或強調由自身本土性去批判西方的普世價值與標準。後殖民主義者在批判時，所用的仍是區隔「你」、「我」或是「我」、「他」這種二元對立的思維模式，而且是更加「嚴格」地區分出來。換言之，基於第三世界不想被西方一體化的思維，後殖民主義者容易透過第三世界的語言和文化本土化的特性，來批判西方中心主義的本質主義。但也使得批判者的批判邏輯也犯了被批判者相同的錯誤，因為仍是以二分邏輯在建構論述，以另一種本質主義來作基礎。所以後殖民主義者被迫必須面對一個相當嚴肅的批判邏輯上的方法論難題：如何避免用另一套本質主義來批判西方本質主義，如何避免利用另一種二元區隔來批判西方的二元區隔。也就是說，在思索西方和非西方文化上如何互動時，是否能不以本質主義、本位主義作為思考起點。

在史碧娃克和霍米巴巴（Homi Bhabha）的看法裡，其實任何形式的對文化的二元劃分，都是一種具有嚴重精神病狀的想像，帶有相當高度的政治和社會陰謀，現實世界中根本不存在文化上的二元區分，這是一種十分粗糙的知識切割與想像。史碧娃克和霍米巴巴認為，西方在啟蒙傳統下將對非西方文化的滲透，當成是一種對非西方地區在文化上的教化與開發，但其實，西方在教化非西方地區時，其自身的文

化內涵也同時受到了衝擊與轉換，換言之，西方文化自身的內容與意涵也產生了新的變化，這是因為不同文化彼此之間的流動不是單純的以「一育一化」、「一教一化」進行的，所以，文化的互動是不可以化約地由「淨化」或「純化」的角度出發去思考。由淨化或純化的角度來思索文化的交流，很容易形成一種暴力式的、類似集權主義的思考模式，容易演變成是為了方便集權統治而做出的合理化辯護。我們應該意識到，在文化交流的過程，是具有一種「雜交性」的。文化之間彼此互相滲透、融合，呈現一種不同以往單一文化的新面貌，換言之，文化互動是一種「雜交」的過程。

至於在後殖民主義亦是從另一種本質主義去批判別人的說法上，史碧娃克做了十分技巧性的答辯。她認為要批評別人，當然可以從另一種形式的本質主義批判它，這是一種「策略性的本質主義」的批判。

透過葛蘭西的文化霸權理論，史碧娃克和霍米巴巴認為，西方對非西方的殖民宰制，絕非只是透過軍事武力，而是透過文化，使非西方的人們自願臣服於西方的文化宰制之下，非西方地區的人民成為相對於西方的一種「屬民」〔大陸翻譯成賤民（subaltern）〕而存在，在這種文化「主導─從屬」架構下，西方的語言替代了非西方世界的本土語言，主導了非西方世界的文化與上層建築。

語言和概念範疇的被宰制，使得被殖民者的主體性無法彰顯、昂揚。文化霸權背後所代表的菁英主義，使第三世界落入權力與知識的宰制霸權。史碧娃克在其著作《屬民所以能夠發言嗎？》（*Can the Subaltern Speak?*）中，由語言的面向著手，強調語言代表性的問題，認為第三世界人民應該用自己本土的語言進行表述與發表看法才算真正的「說話」，但在西方文化的籠罩之下，本土化的內涵、意義以及是否真的存在都成問題，而且，基於使用效益和市場考量的向度上，強調一定要用本土化語言所做出的論述是否有意義、有發揮使用的空間亦成問題。但語言的選擇與使用卻是牽涉到屬民的主體意識能否昂揚的最根本問題。

　　後殖民主義者認為語言與文字的使用和流通方式，對非西方族群要形成集體認同是攸關重大的，是一個非常重要的必要條件。第三世界文化屬民要建立有別於非西方的自我主體意識，必須非常小心、審慎地去選擇語言和文字的使用。因為在西方的制約下，文化屬民在語言、文字的選擇上一開始便受到相當的壓迫，如果一定堅持要用自己本土化的語言與文字，則幾乎不可能在西方世界獲得「說話的空間與權力」，所以這些屬民仍然必須使用通行於西方的語言、文字來作「說話的基礎」，來突破西方的文化霸權。而不是使用本土的語言和文字。

所以，史碧娃克和薩伊德雖然出生於第三世界，但在西方世界卻仍是用其主流語言來取得發言權，並藉此去推動整個後殖民論述的開展，他們之所以可以建構一套完整的後殖民論述，並且在西方世界中形成一種主流論述，這與他們善於使用西方主流思想中的語言與文字，並因此而取得發言權是有很大的關聯性的。

　　西方學者班那迪克‧安德森（B. Anderson）在其著作《想像的共同體》中解釋近代民族主義之所以發展的原因。安德森認爲，西方民族主義的發展，與印刷技術的出現及建立在此基礎上的各種語言文字的使用和傳播是有相當密切的關係的，印刷術的發展是促進資本主義發展的必要條件，同時也造成近代民族主義的出現。

四、東方論述下的自我建構：中國大陸的民族主義

　　我們先由薩伊德的東方主義談起，薩伊德在《東方主義》一書中主要強調三個特點：首先，他在批判西方對非西方的文化關係時，認爲西方是以一種「普世主義的歷史主義」觀點來看待世界歷史發展的，西方認爲世界的歷史是一個統一的整體，而西方是位於歷史發展中的頂端、是扮演帶動歷史

發展的「帶頭雁」的角色，世界各地歷史的發展雖然各有不同，但最後仍會歸向西方這一條路上來。薩伊德批評說，這是一種「歐洲中心主義」的觀點，把歐美視爲歷史發展的核心頂點，而且用以判斷其他非西方世界的發展，並認爲非西方正走在西方曾經走過的道路上[3]。

其次，東方主義是一種文化本質主義，西方將自己的文化視爲是歷史發展下最完美、成熟的結果，並據此刻意去忽略或不重視非西方世界的文化，並刻意取消不同文化的差異性，並進而形成一套「東方論述」，建構出一套西方眼中的「非西方」。同時在把西方世界與非西方世界的文化同質化、一體化時，刻意忽略非西方相對於西方的文化差異性時，也把非西方世界的文化給「化石化」、「古董化」（fossilized）了[4]。

最後，支撐東方主義的認識論基礎是十分特別的，這一套認識論基礎是奠定在西方相對於非西方的權力關係及由此延伸出來的權力操作現實上，東方主義的生成是在西方向外擴張並與非西方世界接觸、比較的過程中形成的，其核心是一套以西方爲中心的論述架構。所以東方主義的建構是一種權力操作和權力實踐，這一點正是傅柯的權力—知識運作的機制所揭櫫的。東方和西方之間的關係成爲一種辯證的存在，東方論述成爲西方對非西方知識—權力操作展現的一

環，換言之，東方論述可謂是一種知識帝國主義的表現[5]。

　　薩伊德的東方主義雖然強力且合理地批判了東方主義，但他在論述的過程卻也有其疏漏之處，批評者認為薩伊德在理論處理部分過分著重於對西方的批判，但卻未進一步處理西方形塑東方的過程中，非西方世界的回應或產生的對應問題。同時也未處理西方內部自身在建構東方上的意見分歧的問題，薩伊德是以「整個西方」當成批判的對象，但反駁者認為這是一種十分化約西方的作法，是將西方內部當成是以「鐵板一塊」的態度來完成東方論述的。事實上，在形成東方論述的操作過程，西方內部亦出現一些反思東方論述架構是否合理的批判聲浪，薩伊德刻意忽略這些批判聲浪而將批判矛頭對準整個西方，未免有欠公允。而且薩伊德所觀察到的東方論述建構過程具有高度的地理時空的侷限性。薩伊德的出身是在巴勒斯坦，他所關注的焦點自然集中在他眼中的西方對這一塊土地的「重現」與「再建構」，主要是集中在中東地區或其附近的領域範圍，這種有地理侷限性的東方論述批判是否適用於推論到其他地區，例如中國分析或東南亞分析上，也不無疑義。

　　事實上，西方本身對東方論述的建構偏差，早已有人開始注意並且反思批判：在孟德斯鳩（B. Montesquieu）的著

作《來自波斯的信函》（*Persian Letters*）中，便是以一種批判的角度來看待東方論述，認為東方應可以為西方文明注入新的活力，並且可以促進人類文明的再啟蒙。而在Oliver Goldsmither的著作《世界公民》（*Citizen of the World*）亦表達出與孟氏相同的概念[6]。若我們將關注的焦點放到中國大陸研究上，如清末賽珍珠女士的作品《大地》，描述中國農家的生活情形，一直被視為是當代中國研究相當重要的代表著作，因為其有相當的中國生活經驗，使其作品中也流露出具有「中國化」、「東方化」的生活經驗。又如延安時期採訪毛澤東的記者斯諾（E. Snow），他的著作《西行漫記》亦有相當的代表性。也是研究中國的重要文獻。因為他們都具有「東方化」、「中國化」的身分。

Paul Cohen的《在中國發現歷史》（*Discovering History in China*）以及John Shrecker的《前瞻歷史視野中的中國革命》（*The Chinese Revolution in Historical Perspective*）皆認為，要理解中國、分析中國，必須要確立以中國為中心的觀點，所以，在方法論上嚴格區隔中國／非中國，要由中國的縱向／橫向歷史去瞭解中國，借用薩伊德的東方主義去批判中國研究的盲點與錯誤，所以，歐美的中國研究亦不斷在作反思，也不是「鐵板一塊」的[7]。

回顧十九、二十世紀的中國歷史，在西風東漸下，中國

在重建自我形象和集體認同的同時，的確是在自覺或不自覺中引用了西方的東方主義訴求下的思考邏輯來作為建構基礎的。在「西方的東方觀」的思維概念下，西方認為「中國應該是怎樣、應該是如何的」或「中國應當如何學習西方、超越西方」的思想，被源源不斷地引進了中國且被當成中國自我建構的基礎。

當時中國的民族主義建構行為，不管是由馬克思主義、儒家思想或是自由主義的觀點下手，背後皆有一個擺脫不了的西方思維下的東方論述制約的陰影存在。這種制約的特點是使人習慣對中國歷史作一種簡單、高度的化約：例如以馬克思主義的觀點來看，直接帶入其歷史發展的階段式論證，認為中國在二十世紀前就是一個封建社會；由自由主義的觀點來看，則認為中國之所以無法進入現代化發展，中國的「傳統」是最重要的一個阻礙因素。像這些直接式、直覺式的論斷看法，都是一種西方式的化約，像馬克思主義本身就帶有歐洲中心主義，由西方中心觀來化約中國的歷史，這個過程亦可謂是一種東方論述。

中國在提倡民族主義時，是往一種「自我東方化」的路線上發展，把中國和西方透過「我」與「他」的方式區隔開來。中國的民族主義，一方面承受了來自東方論述的制約，另一方面又必須凸顯自我東方化的努力，這是一種充滿張力

的辯證發展過程；而在這種辯證發展的過程中，中國極易走上「文化民族主義」的方向上去，走向「文化本質主義」的方向上去，為了區隔中國與代表西方的現代性不同，故轉而往強調「傳統」的方向發展；強調中華文化傳統的重要性，強調復興中華傳統來做為中國面對西方壓力時的一個槓桿。杜維明的著作便被認為是當代中國文化民族主義的理論家中，對復興儒家精神、復興傳統文化進行理論建構最具成就與代表性者，其著作甚至在西方亦廣為流通。又如幾年前「大中華經濟圈」的訴求，比文化民族主義又向前跨了一步，代表了一種「中國式的東方主義」。這種論述試圖告訴人們：儒家的傳統不是只有在中國領土內才是優秀的，而是可以跨越中國邊境到達東南亞、東北亞甚至全亞洲都在中華文化的籠罩之下，這不只是「中華文化優越論」的表現。更是一種具有「中國特色的東方主義」訴求，很多國家其實並不見得喜歡中國這種作法。這種「中國式自我東方化」的擴張，企圖藉由透過文化訴求宣稱中國可以為亞洲代言，進而把亞洲統合為一個整合的亞洲實體，自然會引起其他國家的不悅與反彈。例如新加坡前總理李光耀喊出的「亞洲價值」，便可視為是對「大中華文化」的一種批判與反彈，但在某種意義上卻也代表新加坡也有意思要去搶奪亞洲自我東方化的主導權。

在中共看來，西方世界所要求的民主與人權，基本上背後是以一套特殊的東方主義作爲支撐架構的。所以中共認爲自己可以有一套符合中國國情但與西方想像中不同的中國式人權與民主，而不必理會西方的那一套東方論述下的普世價值所建構出來的民主與人權。在這裡，中共作了一個自我東方化的轉折，藉以區別出自己不是處於西方宰制下的後殖民論述。正也因如此，中共的批判成爲是一種後殖民式的批判。中共的自我東方化，除了抗拒西方的東方論述外，中國大陸更配合改革開放而將自我東方化轉變爲商品，在區隔中國與西方的不同時，強調中國相對於西方，是一個充滿異國情調、充滿古色古香的地方，例如長城、兵馬俑等，皆在這種邏輯操作下成爲吸引觀光客的賣點。而在文化工業上，例如張藝謀的「霸王別姬」、「大紅燈籠高高掛」；陳凱歌的「風月」、「荊軻刺秦王」等，亦是在這種邏輯下獲得國際殊榮的。

註　釋

[1]陶東風，《後殖民主義》，台北：揚智，民89，頁1-4。

[2]Stephen D. Krasner, *Sovereignty: Organized Hypocrisy*, (Princeton University Press, 1999), pp.3-9.

[3]Arif Dirlik , *The Postcolonial Aura: Third World Criticism in the Age of Global Capitalism*, (Westview press, 1997) ,p.106.

[4]Ibid.

[5]Ibid., pp.106-107.

[6]Ibid., p.110.

[7]Ibid.

第五章

資訊時代下的兩岸關係——
認同和主權問題的討論

兩岸關係發展迄今，之所以陷入政治膠著的狀態中，主要是卡在認同和主權問題上。如果無法跨越這個問題，兩岸的政治關係很難有新的突破。而隨著人類經濟生產方式正從工業主義向資訊主義（informationalism）轉折[1]，更使得認同和主權問題更形複雜。要瞭解未來兩岸關係的可能發展方向，除了必須弄清兩岸關係的發展脈絡外，更應該瞭解資訊主義時代來臨，對兩岸關係所可能帶來的衝擊。

一、民族認同

　　民族做為一個社群，之所以能夠形成，並不是透過面對面貼身的來往互動和接觸，也不是因為社群的成員具有共同的形體或文化特徵；而是透過想像，進而形成一種信念，相信彼此屬於同一個族群。不過，這種想像當然不是憑空進行的，而是透過包括印刷出版、報紙、雜誌、收音機、電視機、電腦或其他種種電訊或通訊媒介做為工具的。印刷出版對於近代西方民族的凝聚，以及民族主義的昂揚，曾經扮演相當重要的促進角色。而隨著傳播手段的發展，民族主義的訴求和民族認同的操作，更加需要依賴傳媒。我們可以說，如果不能透過有效的傳媒手段，去創造集體的想像，並從而凝聚彼此的認同，民族是不能存在的。因此，民族可以說是

依托在各種傳媒之上的一種想像的社群（imagined community）[2]。透過想像，進而相信彼此屬於同一個社群，並且相互承認對方的存在，願意共同生活在一起。由想像而延伸出來的信念：相互承認對方，是民族之所以能夠形成的重要條件[3]。

透過以傳媒為中介的想像，之所以能延伸出相互承認的信念，主要是因為這種想像創造出集體的記憶，強調彼此擁有共同的過去，從而具有共同的民族性。過去性（pastness）的堅持和宣稱，是民族主義訴求的核心，透過這種核心訴求，就會形成如下的推論：因為彼此擁有共同的過去，因此應該共同面對未來。而這也就是說，因為擁有共同的集體記憶，那麼就應該共同再創造有關未來的記憶。於是對過去性的堅持就會延伸出共同面對未來的義務要求，這種要求被認為是民族成員必須遵守的倫理準則。準此以觀，民族又是一種倫理的社群[4]。

民族做為一種透過相互承認和上述的義務要求而建構起來的社群，其成員除了願意共同生活外，更願意為維護彼此所屬社群的安全和尊嚴而採取行動；因此，民族也是一種以實踐為取向的社群。

此外，民族認同還會把一個族群和一個特殊的地理位置連在一起，並且效忠在一定領土範圍內宣稱擁有主權的國

家。於是，領土因素讓民族和國家連在一起，而民族也就因此成爲政治社群[5]。

　　而且，從擁有共同的過去性之堅持，不只會延伸出所謂民族性的宣稱，更會強調民族可以共享一個共同的公共文化；而這種所謂公共文化是對於社群是如何共同生活在一起的理解。不過，民族宣稱享有共同的公共文化，並不見得是指一種要求高度一致的（monolithic）文化，而是指一種共享的生活世界，在其間，可以允許不同的文化表現差異性。當然，這種所謂公共文化也有可能是一種以某種文化爲中心的定於一尊的模式。準此以觀，民族也是一種文化社群[6]。

　　透過以上的論述可知，民族認同是一種相互承認並且願意共同生活的信念，是一種對擁有共同歷史的堅持。更重要的是，對一定地理範圍內的主權堅持，是民族認同的政治表現；因此，民族被認爲是主權的承載者，而國家則被視爲是體現民族集體意志的制度設計，代表民族行使主權。

　　就西方的歷史而言，民族認同是一種現代現象，不只經常被賦予啓蒙的理性意涵，而且還經常和進化主義連結起來。能夠透過民族認同形構民族的族群，不只是集體理性的體現，更是人類進化或進步的象徵；而其他無法如此的族群，則被視爲是落後的。因此，前者應該成爲人類歷史發展的主體，而後者則只能附著以前者爲中心的歷史發展之下，

沒有自己獨立的歷史。這種進化主義很容易轉折成為社會達爾文主義，進而為弱肉強食的帝國主義行徑作出合理化的辯護。如此一來，民族認同就會向民族沙文主義方向轉化。

在另一方面，西方資本主義的確立和發展，與民族國家的形成演變緊密地聯繫在一起；民族國家一方面是資本主義發展的推動者和動力，但另一方面又受到資本主義不斷超越西方往外擴張的制約；而其要者，主要表現為資本的流通和市場的擴大，不斷突破主權和地理界限的限制；從資本主義的邏輯來看，資本和市場的本質，就是必須要求取消區域的侷限，不斷向全球和世界外延擴伸。

而在資本主義與民族國家的互動過程中，首先就西方國家而言，西方國家的資本主義也透過各自各見特色的民族認同道路來獲得發展；其次，在資本主義越過西方往外擴張時，也是受到各地不同民族認同道路的洗禮，然後才能在世界各地獲得發展；而在這個過程，就涉及到前述以西方為中心的社會達爾文主義或由此延伸出來的西方民族沙文主義和各地本土化的民族主義的互動和衝突。資本主義的擴張確實和以西方為中心的民族沙文主義的表現，互相證明，互相支撐，互相滲透；而非西方的民族主義和民族認同，可算是對於這種資本主義和西方民族沙文主義辯證結合的一種反應。因為這種結合相對於非西方而言，成為一種「他者」，而透

過這個「他者」，非西方地區會因此而形成種族區隔意識，或進而建構民族認同並且進行民族主義的訴求。

二、中國的民族認同過程

中國一直到鴉片戰爭，長期以來以文化主義（culturalism）來操作中國人的集體認同。這種文化主義首先強調中國文化的優越性，以及不可替代性，從而延伸出一種信念：就算中國遭到外來力量征服，但這些力量終究會被同化，融入中國文化這個融爐之中；其次會強調統治者的正當性不在於種族性或民族性的正統與否，乃在於是否遵奉中國文化所綿延下來的道統。這種文化主義的認同模式，經過從鴉片戰爭到五四運動的掙扎，中國人才逐漸想從文化主義向民族主義轉折。

而中國人的這種轉折，與前述西方資本主義擴張和民族沙文主義或帝國主義的衝擊是直接聯繫在一起的。於是，擺在中國人當時很迫切的問題是應該採取什麼樣對待資本主義和西方民族沙文主義的態度。中共在蘇聯和共產國際的制約下，透過把社會主義當作是超越資本主義的另一種選擇，企圖把中國大陸帶往所謂社會主義方向。社會主義成為中共替中國人所找到的一種集體認同方向；不過，中共在朝這種方

向操作中國人的集體認同時，卻面臨到如何面對蘇聯經驗的問題，如果遵循蘇聯經驗道路，雖有社會主義方向但卻有違中國人的自主性，於是在中共延安時期之前，就爆發路線之爭，而且進一步在延安時期進行攤牌；而毛澤東以「馬克思主義中國化」的訴求，擊敗當時恪遵蘇聯路線的國際派；把社會主義和民族主義結合起來，社會主義變成表現民族主義的槓桿；而在「抗日民族統一戰線」的旗幟下，毛澤東更加直接地利用民族主義，企圖把中國人的集體認同和認同共產黨連接起來。

　　但是在另一方面，由於現實的需要，國共內戰期間，中共就接受蘇聯的幫助；建政後以至五○年代中期，更直接接受蘇聯援助，並朝和資本主義世界體系隔離的方向發展，而後經過大躍進和文革，在毛澤東的主導下，中共更想走一條和資本主義完全隔絕的道路，把與資本主義對抗，當作中國集體認同的方向；在這個幾十年的過程中，中共不承認資本主義世界體系存在的正當性，連帶地也不承認以西方為中心的國際體系的正當性，因此，中共也不承認國與國間應具有至少在形式上的平等地位。

　　不過，這一條路經過實踐被認為是行不通的；因此，在後毛時代，透過鄧小平的主導，中共重新要讓中國大陸進入資本主義世界體系，不敢再把社會主義直接看成是比資本主

義優越的另一種選擇。重新進入資本主義世界體系，又不能再高舉社會主義相對抗，去解決集體認同的問題，於是就必須回到民族主義和國家主義的訴求上，作爲處理後毛時代集體認同的基礎。

中共在建政後的向蘇聯傾斜的階段，或許是基於現實的需要，但卻無可避免地傷害到中國人的集體尊嚴；毛澤東在發表《論十大關係》後，想走自己的社會主義道路，具有解決上述中國人集體尊嚴危機的意義；可是他在另一方面，也只能用走比蘇聯更激進的社會主義道路，來爲當時中國的集體認同尋求另一種出路。毛澤東的這條路，其實是一種以群眾運動爲主體的民粹主義的集體認同模式，在後毛的時代遭到否定，從而被扭轉到以國家主義爲基礎的民族主義方向去。

於是，中共從八○年代以來，開始以所謂民族利益或國家利益作爲制定對外政策的基礎，而且，也開始以現實主義的取向去面對國際社會，從而也承認國際體系和資本主義存在的正當性，以及國與國之間具有形式上的平等地位。這也就是說，中共在建政後，歷經滄桑，到了後毛時代，才正式以西方意義的民族主義或國家民族主義，作爲處理對外關係以及中國人集體認同的依據。

不過，中共從八○年代開始讓中國大陸重新建立和資本

主義世界體系的關係，面臨了透過以電訊和資訊科技爲基礎的加速發展的全球化的形勢。這種全球化的形勢，當然是以資本主義爲基礎的全球化，因此，主要是以經濟層面爲主體的，其中尤以資本流動的去國界和去區域化，以及市場的更進一步的普遍化最爲重要。

三、資訊化、全球化與認同和主權問題

以電訊和資訊科技爲基礎所形成的網絡，已經不再只是作爲一種溝通媒介，而是成爲一個具體的生態環境，成爲人可以進出來往和互動的領域，這可以叫做資訊領域（infosphere），它不只成爲企業運作、資本流通、市場操作的領域，並且已經逐漸占據人們生活的更大部分的時間，甚至已經成爲人生活世界的一部分；我們或許可以說，它已經逐漸成熟到可以做爲人生活和安身立命的地方。這樣一個地方是以全球爲範圍，跨越國界和地理界線，它已經逐漸地使人類各方面的事務都無法脫離它而獨立運作。

隨此而來的是，不只人的生活世界不再侷限在國家範圍內，呈現全球化的格局，就連市民社會也跨過國界和地理界線，變成以全球爲範圍；而且，非政府性的國際組織也以此爲槓桿獲得進一步的發展；這些發展都直接衝擊民族國家的

權力和角色。國家有關調節資本需求和社會需要的宏觀手段，受到相當大的掣肘；所謂政治系統不再只是限於國家範圍內，參與政策討論，甚至參與影響決策的已經從「國內」轉移到不少跨國界的個別人物或團體手中。國家的正當性面臨必須重建的地步，而隨此而來的是，主權也逐漸地不再是個不可爭議的基本價值；主權的權威如果有所勢微，認同問題就會成為嚴重的課題。以特定國家為取向的公民身分對人而言，不再是非常重要，甚至還有可能變得無意義，多重忠誠和認同有可能逐漸普遍化。

依照前述，傳統的有關民族認同的操作，是透過宣稱在一定地理範圍內的人群擁有共同的過去，塑造所謂的民族性來創造民族；可是在資訊時代，透過資訊領域，流動空間正在取代地域空間，以物理實體為基礎的地域空間正被以資訊和電訊科技為基礎的網絡所取代，這種網絡是既無形又有形，無法由固定的地域或國家所限制。人們的生活世界，尤其是經濟空間，不再需要和以國家為中心的政治空間直接聯繫在一起。而且，在這個資訊領域中，時間也是流動的，不再完全需要以國家為中心，甚至傳統的歷時性時間觀，已經被多元和共時性的時間觀所取代。一個地域內的族群，其所謂的歷史，不再只是侷限在固定的地理範圍內的歷史，而是在流動時間和空間交叉制約下的更為複雜的一種集體記憶，

這種記憶不會只是固著在某個特定的地理疆界上,而可能是以全球為範圍的。

全球化突破了民族國家和具體的地理界線,實現了時間和空間的流動化,從而也增加了個人和團體認同的選擇機會,本尊雖然只有一個,可是卻可以有不同的化身或身分;因此,個人和團體的身分也變成是流動的,也許,這也為個人和團體創造自己更多的獨特性騰出了更多的空間和機會。準此以觀,民族國家有可能會遭到其內部更大更多的個人主義、種族主義或其他形形色色的階級主義、階層和團體意識的挑戰。國家將因此更難操作民族認同,而如此一來,個人和團體就更要尋求不同於民族認同的其他次認同,來確立自己的身分。

資訊科技的發展促使人類社會、政治和經濟運作的全球化趨勢更為明顯。而在以電腦為基礎的資訊化科技發展的衝擊下,資訊化知識成為直接社會生產力主體的同時,國際政治以爭奪資訊化知識的主導權為核心,而那些掌握資訊化知識的生產分配主導權的跨國企業,更有可能成為影響國際政治經濟甚至軍事文化發展的主要力量。因此,當人們在注視杭廷頓(S. Huntington)的文明衝突論時,也必須更加注意由於資訊科技發展所導致的國際政治的主體範疇從「權力」、「經濟」到「資訊化知識」的轉移。

在資訊科技發展的列車中，各個國家和跨國企業將爭奪提供資訊化知識的內容、軟體和硬體的主導權，其中以提供內容的主導權尤為重要。而搭上和沒搭上資訊科技發展列車的國家之間，經濟發展的差距可能將更為明顯，其間的經濟依賴和宰制可能將更為明顯；值得注意的是，沒有能力進入資訊科技發展列車的國家，有可能選擇逃離資訊科技或形成反對以資訊科技發展為主的文化和文明發展趨勢的態度。此外，面對以資訊科技發展為槓桿的文化發展一體化的趨勢壓力，許多民族國家到頭來可能會回到文化、宗教和民族主義中，尋求抗衡的憑藉；因此，整個國際社會所呈現的是一體化和分歧化的基本教義訴求交織在一起的後現代現象。

　　不過，基於地緣概念的主權和國家安全觀，正在因為資訊化所加速促成的全球化趨勢，而顯得過時。主權的範圍不再能夠從包括領土、領海等自然空間來加以界定，而對國家安全的威脅，已不再只是對自然空間的武力侵犯和打擊。網路空間的出現，使得國家疆界就不再限於自然空間的界限上，而網路疆界成為國家必須重視的課題，網路疆界突破自然空間的侷限，顛覆了傳統的主權和疆界觀念；它雖說是虛擬的，但卻又是真實無比，對傳統的國際法和國際政治，將形成重大的衝擊。

　　未來一個國家有可能擁有雙重的主權，一種是地緣或自

然空間延伸出來的主權，另一種就是網路主權；這兩種主權絕不可能一致。不過，網路主權的延伸或不斷擴張滲透，將愈來愈能代表國家力量的展現；捍衛網路主權和疆界的重要性將不會亞於對有形主權和疆界的捍衛；而且，對有形主權和疆界的捍衛，將必須更多地借助資訊化的手段。

當然，對於網路主權和疆界的維護，其困難度將不下於對有形主權和疆界的維護，甚至有過之而無不及。防不勝防，易攻難守，將是這種困難的最佳寫照。因此，資訊網路大國一方面似乎神氣活現地掌握資訊優勢和主導權，可是另一方面卻必須經常繃緊神經，面對各種可能突如其來的突擊。大國無法真正的成其大國，在其所擁有的龐大的資訊網路疆界中，處處存在著可能被攻擊的點。在傳統的強權國際社會中，小國或力量小的團體，必須在強權的肆虐下卑躬屈膝地苟延殘喘，可是在資訊網路世界中，卻存在著以小搏大的可能性。

況且，資訊網路疆界是一個多維的世界，跨越三度空間，虛擬中有真實，真實中又見虛擬，在其間可以進行綜合式的互動，涵蓋貿易、金融、軍事和非軍事的種種層面；因此，從資訊網路疆界所延伸出來的是一種全方位和多維的國家安全觀。「禦敵於國門之外」式的安全觀已經一去不復返，戰場就在你身邊，敵人就在網路上，差別只在於可能沒

有硝煙味，或沒有血腥氣而已。與網路疆界觀相應的，就絕不只是國際安全問題，而更需要把政治安全、經濟安全、文化安全等各方面的安全需要都納入目標區，這是一種大安全觀，而這種多維的安全觀又以確保資訊安全做爲最高的統攝性目標。

資訊化加速全球化的發展，並且把個體更爲迅捷快速地拋入全球化的漩渦中；一方面，個體（個人或社群、族群）除了紛紛感受到全球化趨勢的不可逆轉壓力外，另一方面，則會因爲這種感受而產生一種被驅逐感與被剝奪感——感到個體的無力、孤獨與空虛。每個個體似乎都覺得自己被架著走，而沒得選擇地必須順著資訊化和全球化的勢頭走。在這種被驅逐和剝奪感的制約下，個體就可能會想重建他們所謂的個性或主體性，於是民族主義，對外國特別是西方的恐懼討厭，或其他形形色色的部落主義、種族主義和基本教義主義就會紛紛出籠。資訊化一方面加速全球化趨勢和一體化，可是另一方面又提供了人們企圖重建或回歸個體性的憑藉，它對個體而言是具有一體兩面的效應。全球化、一體化和不斷要求打破國界主權，不可避免地會導致更多凸顯差異和反對開放的現象，而這種反向趨勢，可算是對全球化和一體化的一種反動。全球化和凸顯差異，或是世界主義與沙文主義或基本教義主義，其實是一體的兩面，它平行地進行著，互

相強化和印證對方。因此，世界各地可能會出現一種現象：一方面看好萊塢的電影、影集，收看CNN的新聞，吃麥當勞的雞塊，喝可口可樂；可是一方面卻會宣示所謂傳統價值或種種基本教義主義的重要性。

全球化被議論的核心議題是，是什麼因素或力量主導全球化，亦即全球化指的是誰的全球化，因此，有不少論者認爲全球化是西化的普遍化，其基礎是西方沙文主義。資訊科技和網際網路的發展，一方面加速經濟和文化的全球化，西方取向或中心的文化和經濟價值不斷擴散，不斷要求具有更廣的普世地位；但在另一方面，卻允許更多凸顯差異性的族群匯集在一起。因此，其結果是，全球化的現象愈滾愈大，可是同時主張差異的群體和族群可能會愈分愈細。如此一來，國家一方面應付不來全球化經濟的大肆擴張，另一方面則必面對愈分愈細的具有更纖細基本教義性質的群體的挑戰。

總之，全球化發展既實現了許多層面的一體化，但同時也解構了秩序、進步和理性這些西方啓蒙以來爲多數人所信奉的東西，出現了許多論者所謂的後現代現象。亦即，全球化促使了啓蒙以來所形塑的現代性的轉變，以及後現代性的某種程度的實現。

隨著冷戰的結束，意識形態操作，不再能做爲人們或團

體尋求認同歸屬的基礎；而隨著全球化的發展，大一統的以國家為中心的民族主義的操作，同樣的也不能滿足人對認同歸屬的要求。認同歸屬問題隨著全球化的發展更為緊迫地成為人現實生活中的嚴峻問題。種族性、個體性的強調當然是確立身分和認同的有效途徑。國家面臨來自全球化一體性和國內個人和團體差異性的要求，除了一方面仍然必須堅持國家主義和民族主義外，另一方面則必須強調回歸傳統文化或文明，以維繫民族國家內部的內聚力；當然，國家機器這麼做，就如前述，因為時間和空間的流動化，其成效如何值得商榷，但這是國家機器不得不的選擇。

四、後毛時代中國的民族認同

　　二十世初葉，中國人所訴求的民族主義，與中共在後毛時代所訴求的民族主義，其實在內涵上是有所不同。前者主在求中國能在西方帝國主義的肆虐下，組建成獨立自主的國家，並以此為基礎，創造一個跨越中國境內種族差異的統一的民族──中華民族。而後者則主要是為了因應全球化的衝擊。當然，中共一方面必須接受全球化，可是在另一方面又把全球化經常解釋成西方主導下的另一種新形式的帝國主義表現；可是，畢竟中國已經是個主權獨立的國家，其國際政

治地位已非昔日可比，因此，中共將全球化作如上述的解釋，主要是擔心全球化造成對中共國家機器權威的打擊，以及不願見到全球化的發展，影響中國人的民族認同或集體認同，甚至釀成認同危機。

基於上述的憂慮，中共透過相當功利的「體用論」的模式對待全球化，以民族主義和國家主義的訴求爲體，而把全球化當「用」，如此一來，所謂民族主義和國家主義就表現爲，種種管制與接受全球化的國家政策。而中共迄今仍會講到的社會主義，其實也就依托在中共所強調的國家主義之下，表現爲種種管制與接受伴隨著全球化而來的資本主義和資訊主義的國家政策。

不過，就如前述，在全球化的制約下，民族主義和國家主義的操作，無法像工業主義時代那樣有效。因此，中共必須強調回歸傳統文化或文明，以維繫中國大陸的內聚力。而在如此操作時，中共就會把全球化解釋成西方化，進而企圖從後殖民主義論述，一方面解構所謂的西方中心主義，而另一方面爲排斥或抗拒外來的文化滲透作出辯護。更重要的是，中共在作這樣辯護的時候，又會以全球化的發展已經成爲往後現代性轉移的機制，強調中共這樣做並不逆「全球化」的勢來操作。

當然，中共強調回歸中國文化傳統時，其實也是在配合

其民族主義的操作。因為，中共訴求文化傳統時，主要在強調中國人擁有一個共同的「中華性」，或一個共同的過去和歷史。不過，中共在這樣處理時，掉入了一種本質主義中。西方中心主義固然是一種本質主義，中共要反對，但在宣稱回歸中國文化傳統時，又掉入另一個本質主義極端中，並且企圖強化「中國／西方」的二元對立的強度。

在這種企圖以文化認同為基礎的政治認同和民族認同的操作中，中共會強調，近現代中國文化的「他者化」（西化）；而在全球化的衝擊下，中國人再不反思警覺，那麼在世界的文化論述中，更會完全沒有中國的聲音；而要解決此種危機，必須向傳統文化回歸。中共透過這樣的訴求，企圖延續並強化一種本質主義的族性觀念，以化解中國人在全球化衝擊下的認同危機。

五、全球化&資訊化對中共的挑戰

馬克思主義認為，直接勞動是社會生產力的主要、甚至是唯一的來源；可是伴隨著科學和技術的快速發展，科技已成為直接的生產力，而後二十世紀七、八〇年代以來，資訊和資訊科技更成為直接的生產力，在社會各領域的生產過程、生產原料和結果，都是資訊，然後人們再把資訊轉化成

各種財貨和服務。準此以觀，馬克思主義的勞動價值論，都失去了合理的基礎，必須面臨被改造、重建或甚至放棄的命運。因此，中共在現實上或理論上，都很難再宣稱馬克思主義是合理的，或甚至繼續要以馬克思主義做為意識形態操作的基礎。

在資訊化的制約下，資訊和由資訊所延伸出來的知識被融入所有物質生產與分配的過程中，經濟運作必須資訊化與全球化，否則就可能會全面崩解。其中最好的例子，就是前蘇聯的工業和經濟體制非常戲劇化地瓦解，其原因之一在於其結構無法向資訊化轉化[7]；甚至企圖在相對孤立於國際經濟體系的狀況下，追求自身的成長。中國大陸從七○年代末以來的對外開放，其目的之一就是要與國際經濟接軌，納入經濟全球化的行列當中，而七、八○年代全球化的經濟結構之所以快速發展，主因之一就是因為資訊化動力的驅使。因此，中共要中國大陸對外開放，就必須接受資訊化時代來臨的現實，讓中國大陸能全面地向資訊化轉化。此外，中共從七○年代末以來的經濟改革，主軸是朝市場化和私有化的方向發展，但是，中國大陸的經改如果要真正成功，甚至跳脫傳統窠臼的制約，就必須朝資訊化全面平移化，否則經政就不算徹底，甚至無法支撐中國大陸持續能與國際經濟循環接軌。

由於一九三〇年代的經濟危機，西方經濟在戰後，依循凱因斯主義（Keynesianism）的精神和原則，進行重建；朝福利經濟的方向發展，並且強調規模經濟和有效管理；而伴隨著一九七四和七九年的石油能源危機的爆發，西方經濟進入戰後的第二次重建，值得注意的是，這次的重建是與資訊科技的發展相配套來進行的，換言之，整個經濟的重建是朝因應資訊化趨勢來開展的。資訊化促使七、八〇年代以來經濟全球化的快速發展，西方資本主義經濟幾世紀以來不斷向外擴張，但是一直到二十世紀七、八〇年代以來，世界經濟才能以資訊和通訊科技為基礎，真正變為全球性。這是人類歷史以來，人們首次能以即時操作的方式，整合全球金融市場，並且日夜不斷的操作資本，在遍布全球的電子網絡中，數十億美金的交易幾秒內就可以完成。新技術讓資本可以在非常短的時間內，在經濟體間來回移動，從而使世界各地的資本，包含儲蓄和投資，可以互相銜接。在這種以資訊化為基礎的全球化經濟中，經濟體如果自外於這個強調即時操作、並且可以快速移動資本的經濟循環，就有可能被國際經濟體系所淘汰，失去國家經濟的競爭力以及經濟成長的可能基礎；因此，包括中國大陸在內，如果要在全球化的經濟體中立足，就必須朝全面資訊化的方向轉化。

　　資訊和資訊科技的操作，基本上是跨越國界、地理時空

界限和主權的，所以才能促使全球化趨勢的發展；但也因為如此，最容易挑起人們敏感的神經，視資訊和資訊科技為主權國家的大敵；於是有不少人對資訊和資訊科技愛恨交織，既想運用它但又害怕它，中共目前的心態正是如此。其實由於全球化趨勢的發展，互賴主權的概念正在受到人們的重視，環觀層出不窮的國際問題如經濟整合、國際貿易、經濟糾紛、環保、貨幣危機、恐怖主義等，都需仰賴國際合作或國際組織，方能解決問題；這種國際現實形勢的發展，也是互賴主權觀興起重要結構性的原因。雖然在目前的環境下，互賴主權觀依然無法替代絕對的國家主權觀，但其重要性正與日俱增中。中共面對全球化趨勢以及亟需透過國際合作才能解決問題的國際環境，其實也有必要認真思考互賴主權的觀念。資訊和資訊科技雖然具有跨越主權、疆界的特性，但並不必然意謂著對主權和疆界侵犯；而中共卻將這兩者之間幾乎畫上等號，這是一個非常嚴重的錯誤，資訊和資訊科技之所以能讓全球的政治和經濟體之間串成了一個全球性的網絡，這是靠其跨越主權和疆界這個特性所促成的，而在全球性網絡中，各政治經濟間，互賴的關係日益強化，中國大陸目前已然置身於這個全球網絡中，就不能再對資訊、資訊科技甚至網際網路的跨主權和疆界特性心存偏頗性的害怕，而必須更健康合理地去面對它。

在面對資訊化大潮的衝擊，人們會遭受到資訊負擔過度和種種不健康資訊的壓力和困擾，世界各國都在思考如何解決這些問題，中共當然有權力如同其他各國積極來面對這些問題，這無人會反對；此外，由於資訊、資訊科技和網際網路的發展，確定是以西方為主導的，因此，有可能形成以西方為中心的資訊提供源，這個問題同樣困擾非西方國家，可是，面對這個問題，如果純從管制的角度去處理，也有可能讓自己自外於資訊全球化的流程；其實，面對這個問題，最健康的心態，是從市場競爭的角度出發，由國家主導配合民間資本一起投入巨大資金，和西方國家競爭資訊源提供的主導性地位，而不應該消極地從片面管制的方式去逃避競爭的責任。中共目前把以美國為主的西方掌握全球化資訊源的主導，上綱上線地解釋成西方對中國大陸的和平演變，這是百年來中國人受壓迫情緒的再一次表現；中國大陸面對改革開放，重新面對世界，必須調整這種受壓迫情結，重新立基在尊重中華文化的前提下，有自信、並且健康地去和國際經濟體系互動。況且，資訊、資訊科技和網際網路的跨主權和疆界的特性，基本上也不是透過行政和法令管制手段所能改變的，因為資訊科技總是有能力可以突破種種的管制。

許多國家在面對以西方為中心的網際網路系統，基本上也努力積極地在建構所謂屬於自己國家內部的互聯網；但同

時他們也不排斥否定以西方爲中心的網際網路，因爲他們非常瞭解否定和排斥的結果是非常嚴重的。中共應充分有效地利用全球信息網絡，擴展中國大陸甚至是華人的資訊空間，增強華人的資訊影響力；當然，我們也不會反對，中共因爲要維護資訊網絡的安全性，設置防火牆、防護柵欄或資訊選擇平台；但中共若以限制人們言論自由和公共討論空間爲由，去對資訊和網際網路的使用進行管制，恐怕會引起反彈，而且在現實技術上也很難辦到。

六、兩岸間的主權和認同問題

中共從一九四九年以至於一九七九年與美國建交爲止，一直從改朝換代的角度處理兩岸關係，堅持中國主權已完全由中共繼承，在台灣的中華民國，只不過是還不願或尚未被中共收服的名不正言不順的政治力量；而一九七九年中共人大常委會所發表的「告台灣同胞書」，表現出中共對台政策和態度的微妙調整。

一直到七九年，中共都不願認定台灣是一個政治和經濟實體，七九年「告台灣同胞書」的發表，中共透過承認台灣是一個經濟實體，間接且比較隱晦地承認台灣是一個政治實體；只不過，台灣被看成是一個實體的身分位階則未定位；

及至一九八一年「葉九條」發表，才正式把台灣定位成地方性的特別行政區，這等於表示，兩岸內戰已然結束，改朝換代已經完成，中共代表中國主權，台灣充其量只是中共治下的地方性特別行政區。

「葉九條」所揭櫫的「特別行政區」概念，成為後來中共「一國兩制」的張本，而中共在一九八四年的「中英聯合聲明」中，按「一國兩制」處理香港問題；接著，中共更進一步宣稱，要用「一國兩制」解決台灣問題。迨至九〇年代以來，特別是在中共一九九三年的「台灣問題與中國統一白皮書」中，則直接以兩岸已進入「一國兩制」的框架下這個原則來處理台灣問題。

長期以來，台灣在主權問題上，一直存在著爭實質主權和法理主權差距的問題，在現實上，政府所能控制管轄、行使主權的範圍僅及於台澎金馬，可是我們卻在憲法及相關法律上宣稱主權及於全中國；而隨著台灣的大陸政策模式移轉到對等政治實體時，就必須同時去處理上述這個問題，隨著動員戡亂臨時條款的終止及幾次的修憲，上述這個問題獲得初步的解決。與這種主權主張差距相呼應的是，台灣主事者也靜悄悄地進行新的民族主義的重建，這種重建的內涵主要是：促使在台澎金馬範圍內的各族群，透過效忠中華民國，跨越族群的區隔和差異，融合成一個更大內涵的民族。這裡

所指的中華民國當然不再是號稱主權及於全中國的中華民國，而是以台澎金馬爲主權範圍的中華民國。

　　台灣有關主權差距問題的解決，在另一個角度來看，代表著國家體質的轉變。從蔣經國總統晚年就已經開始的政治變革，中間經過一九八七年的解除戒嚴，一九九一年的終止動員戡亂體制，以及隨之而來的開放黨禁、報禁，以及從中央到地方各層級直接普選的進行，台灣從威權體制轉變成自由主義公民國家，這種國家的特徵是，獨立自主的公民可以透過自由的政治參與，特別是選舉去影響或改變國家的政策方向。而由此所延伸出來的是，國家的權力基礎不再是奠立在反共之上，而是在台灣本土的民意上。因此中華民國的政治正當性就不再來自號稱代表全中國，而是直接來自於台灣人民和民間社會的支持；這種轉變就是所謂中華民國的本土化或台灣化；而隨著這種轉變而來的是，中華民族作爲一個民族與中華民國作爲一個國家之間就失去了直接的聯繫關係；因此，若中華民國在作爲一個民族國家，那麼「民族」這個範疇的內涵就必須重建，而不再是過去所宣稱的是涵蓋全中國範圍的中華民族。中華民國這樣的國家體質的轉變，當然意謂著中華民國不再願意和中共繼續糾纏在國共內戰的漩渦中，而希望和中共重新來過，重建正常化的新關係。

　　中共一方面在「朝廷意識」以及與這種意識互爲表裏的

「中原意識」的制約下，處理所謂的台灣問題。而中共對台灣主權宣稱，其實也必須從這種取向來加以理解。但在另一方面，從九五年江澤民發表「江八點」以來，中共也不斷以海峽兩岸共同擁有一個過去或歷史文化，來爭取台灣方面的認同。

　　台灣在兩位蔣總統的時代，透過政治上爭正統，以及不斷宣稱復興或堅持中華文化，來統一台灣內部的文化和政治認同。而在後蔣時代，透過民族主義的重建，揚棄了上述的文化和政治認同的模式；不過，隨之而來的，也使內部認同問題開始湧現出來。其中一個力量，企圖透過「大陸／台灣」二元劃分的方式，來重新確立台灣內部族群的文化和政治認同，而另一種力量，則仍然希望以回歸中華文化作爲解決台灣內部認同問題的依據。當然，他們所謂的回歸中華文化不盡然與中共的意涵相同；中共的文化訴求，只是做爲建構以中共爲中心的國家主義的工具而已；而台灣內部的回歸中華文化訴求，基本上還是以對生活在台灣的「感情」做爲基礎。不過，在回歸中華文化的訴求中也有更爲激進的表現方式，這種力量很容易被理解爲和中共的文化訴求接近。而透過這些不同的文化認同模式的區隔，台灣內部就大致出現到底是「我是台灣人」，或是「我是台灣人也是中國人」，或是「我就是中國人」的政治認同的差異。

台灣政治認同的操作，有傳統權威時代與後傳統威權時代的區隔，而這種區隔大致上與冷戰和後冷戰的區隔也相聯繫。傳統權威時代，受冷戰的制約，透過意識形態操作的工程，處理政治認同問題；隨著蔣經國總統的逝世，世界的冷戰結構也大約同時解體，台灣的政治認同也無法再用傳統的意識形態操作的模式來處理，必須訴求於民族主義的重建。而在這個時候，台灣也同大陸一樣籠罩在全球化的衝擊下，必須也準備從傳統的工業主義向資訊主義過渡轉折。因此，台灣內部的個體也因此而增加尋求認同的機會和空間，從而使得台灣政治認同的操作工程，憑添許多複雜性和困難度。

七、結論

　　兩岸間非政府層面的互動交流，特別是經濟層面，其實也是全球化制約下的產物，台灣處在資本主義世界體系靠近中國大陸的前沿地帶，是中國大陸開放、進入全球化浪潮制約下的重要關鍵之一。但是透過全球化做為機制的經濟互動，並不能化解由於全球化所牽動出來的文化和政治認同的複雜性和難度。而資訊主義發展的特點，就是不只要求經濟上的去中心化，同時也要求文化和政治上的去中心化；兩岸如果能夠體認這個現實，多一點去中心化的體認，少一點本

質主義的堅持，並且站在對等基礎上，進行互為主體的溝通，也許兩岸關係才能真正朝良性的方向發展；否則在各自極端的本質主義的堅持下，恐怕很難有樂觀的發展。

前蘇聯解體的歷史經驗告訴我們，歷經了七十四年可說人類史上最嚴格的國家主義的操作，前蘇聯並無法創造一個新的大一統式的民族認同；因此，社群或民族也許可以被想像建構，但這種想像建構並不必然會被相信；這也就是說，前蘇聯的歷史顯示，蘇聯的國家主義操作，並無法使前蘇聯境內的各民族真正而且完全地融入蘇聯國家體系之內。而隨著蘇聯解體而來的意識形態真空，前蘇聯內部各共和國必須透過民族認同來解決各自的集體認同危機；而民眾的認同建構則必須回歸到家庭、社區、歷史、宗教和民族性等集體記憶上。不過，依托民族主義來解決認同問題，基本上是屬於個人化或人格化的自我認同途徑，與國家機器所訴求的以建立國家為標的的民族認同是有所不同的[8]。

而獨立後的各共和國建立了國協式的互動關係，允許經濟相互滲透和共享經濟基礎設施，持續推動區域的整合，並因應全球化經濟發展的需要進行合作。於是，就形成一幅非常引人注目的畫面：雖然在民族認同操作上要求各自的自主性，但是揚棄了古典的威斯特伐利亞的主權觀，向互賴主權轉折；而在這個轉折上，就促使各共和國間更為彈性和動態

的去安排彼此之間的政經關係。

　　歐體的形成，在某種向度上，其實也是資訊化和全球化制約下的結果。資訊主義時代的來臨，就如前述形成一個以資訊和電訊科技為基礎的資訊領域，而歐洲（特別是西歐）也因此連成一個網絡，出現多元的交叉關係；歐體的形成，基本上是對這種現實的承認；於是，在民族認同自主的前提下，歐洲國家也紛紛走上互賴主權的方向。

　　八○年代以來的兩岸關係的發展，一方面是資訊化和全球化制約下的結果，而另一方面也參與推動了資訊化和全球化的過程；兩岸已經進入上述的資訊領域中，並且正在連結成一個網絡；準此以觀，從傳統絕對主義的主權觀向互賴主權的轉折，也許是兩岸無法迴避的問題，如果這種轉折完成，兩岸才有可能進一步整合，而以此為基礎，兩岸間的「一中」爭議或許才有可能被解消。

註 釋

[1]Manuel Castells, *The Informational City* (Blackwell Publishers, 1996), p.10, pp.17-19.

[2]B. Anderson, *Imagined Communities*, second edition (London: Verso, 1991).

[3]David Miller, *On Natimality*, (Clarendon Press, 1997), pp.22-23.

[4]Ibid., pp.23-24.

[5]Ibid., pp.24-25.

[6]Ibid., pp.25-26.

[7]Manuel Castells著，夏鑄九譯，《網路社會之崛起》，台北：唐山出版社，1998，頁97-98。

[8]Manuel Castells, *The Power of Identity,* (Blackwell Publishers, 1999), pp.39-40.

第六章
兩岸經貿關係的新思維

兩岸分治了半個世紀之久，早已形成了兩個互不相隸屬的政治實體，雖然兩者在政治上彼此為了主權和領土問題爭論不休，但在經貿方面，隨著兩岸對立關係的和緩，再加上資訊化、全球化時代觀的推波助瀾，兩岸的經貿關係，發展迄今，不管雙方是否對稱，但是互賴結構的形成，已經是一個不爭的事實，這種互賴結構的形成，到底是有助於兩岸的和平或反而有可能導致兩岸的衝突甚至戰爭，是一個值得我們關注的嚴重課題。此外，如果再扣緊資訊化和全球化的向度，那麼上述這個課題又該如何思考，同樣也是非常重要的思考點。

一、兩種不同的視野：自由主義／現實主義

　　對上述課題的論辯，一般而言有兩種主流看法。其一是現實主義的觀點，這種觀點認為，所謂互賴，無論如何就是一種「依賴」，而這種依賴在危機或關鍵時刻，重要的財貨源頭和資源的輸入及流通將被切斷或中止，這種情形將會造成社會的不安，進而嚴重影響國家的安全。一個國家最關切的課題不殆言就是安全問題，對於經貿互動的價值和意義的考量，最後應該回歸到是否影響國家安全這個議題上來[1]。一般的國際社會結構可謂就是一種無政府式的結構，而由於

政治上的對立，兩岸關係比起一般的國際關係，可能更加詭譎多變；因此，我們必須擔心兩岸經貿關係在互動上的脆弱性，甚至必須設法去控制或降低台灣對中國大陸的依賴程度。

從這種現實主義向度出發，很容易會認為兩岸的經濟互賴非但不能促進兩岸和平，反而更可能導致兩岸更大的安全競爭，造成兩岸間衝突或戰爭的可能性因此而更加提高。

其二是自由主義或可稱為理想主義的看法，這種觀點認為，透過以世界為範疇的市場提供財貨、資源和服務是一個國家經濟發展的無可迴避的途徑，而經貿互賴將使當事雙方持續維持這種關係，實現雙贏的格局，這樣一來，就會使雙方繼續朝避戰講和的方向去發展關係[2]。兩岸經貿關係的互賴，已經使雙方必須儘量避免衝突和戰爭，否則雙方都會蒙受其害，付出巨大的損失和代價。

現實主義的論點，是從極大化安全考量著眼，而自由主義則是從極大化經濟利益為出發點的。就現實主義者而言，國家無論如何應該優先考慮到安全這一議題，以至於必須控制財貨來源和市場，以免在關鍵危機時刻，成為對方或他國傷害我方的籌碼；如果從這種角度觀之，自由主義的觀點是太過樂觀。但是就自由主義者而言，國家會去追求經濟利益極大化的目標，而只要國家是理性的，一定會設法維持或強

化對外的經貿活動，並儘可能地避免衝突和戰爭[3]。

如果從現實主義的邏輯推演下去，就很容易會認爲雙方經貿依賴愈深愈可能引發衝突和戰爭；而反過來，如果按照自由主義的邏輯推演下去，則很容易會認爲：雙方互賴愈深，愈會避免衝突和戰爭。這兩種看法恰好代表光譜的兩極發展，但卻是由同一種事實所做出的推論。

兩岸的經貿互動雖然發展形成互賴的結構，但是政治上卻陷入低盪的僵局狀態，亦即經貿互動並無法使政治互動突破僵局，甚至有淪爲政治互動籌碼的現象，這是現實主義經常引爲論辯根據的基礎；而戒急用忍的政策訴求，基本上也是現實主義觀點制約下的產物。但是就自由主義者而言，在兩岸經貿互動結構中，對稱性問題雖然經常被爭論，而且也使得兩岸經常陷入低盪和僵局，但是，兩岸畢竟還是避免了劍拔弩張的衝突和戰爭，兩岸經貿的互賴對於兩岸的和平，無論如何還是起了一定的促進作用。

現實主義者擔心，兩岸作爲兩個大小懸殊的政治和經濟實體，經貿互賴不只是會使台灣產業空洞化，還可能會使中國大陸把台灣吃掉，產生一種不戰而使台灣屈服的結局。因此，經貿互賴的背後是台灣面對大陸生死存亡的較勁，是另一種形式的戰爭。而對於自由主義者而言，兩岸的經貿互動

是經濟全球化制約下的結果，這種形勢將會持續下去，根本無法逆轉；台灣面對此種形勢要關注的，不是擔心產業是否空洞化的問題，而是產業結構如何能夠順勢調整，進而促使台灣產業結構升級和維持經濟發展。兩岸經貿互動已是台灣經濟發展不可或缺的條件之一，我們已經不可能期待透過終止和降低兩岸經貿互動，去企求台灣的經濟發展，台灣只有從兩岸經貿互動方式，去實現上述產業結構升級和經濟發展目標，進而繼續擁有和中國大陸持續經貿互動的地位和角色，才有可能持續藉由兩岸經貿互動有利於台灣，從而促進兩岸的和平。

兩岸之間經貿互賴持續發展，而政治互動卻陷入僵局低盪的現象；放入現實主義和自由主義兩種不同的思考取向中，可以得出不同的解讀。其實，經貿互賴既可能促進和平，也有可能導致進一步的衝突甚至戰爭。其關鍵在於當事兩造對於經貿互賴的利益評估和價值認知[4]。而如果雙方對於未來經貿前景持續有所期待的話，基本上是比較可以透過經貿互賴或互動來促進雙方和平以及避免衝突和戰爭的。但如果我們由現實主義的觀點做出進一步推演的話，那麼就有可能形成以下這種觀點：雖然兩岸經貿存在（高度）互賴，但由於中共擔心台灣在關鍵時刻會切斷或終止這種關係，導致資金和重要的財貨、資源流入中國大陸受阻；因此，反而

有可能發動戰爭，或其他形式的威嚇或併吞行動來抓住台灣。亦即，中共有可能因為要避免互賴所延伸出來的脆弱性，從而挑起衝突甚至戰爭。而為了避免這種事情的發生，必須設法控制或降低兩岸的經貿互賴程度。

此外，我們也可以拿自由主義觀點作進一步的推演：經貿互賴的存在以及深化發展，將會對挑釁、衝突、戰爭和侵略構成有形限制，降低這些事情發生的可能性；而低度的互賴反而有可能增加上述事情發生的可能性，因為彼此間不存在有形限制和制約力。

在上述這些進一步推演的情形下，從自由主義的角度而言，控制、降低甚至終止經貿互賴，無疑的就是取消上述的有形限制，兩岸衝突和戰爭的可能性反而大增。而從現實主義的觀點視之，依賴對於當事雙方來看，只會增加彼此的脆弱性，和由此延伸出來的不安全感；而不會降低衝突和戰爭的可能性。

如果按照上述的論述來看，雙方的經貿互賴要成為雙方避免衝突和戰爭的因素，關鍵在於：(1)雙方對未來彼此經貿互動是否存在正面的期待，亦即是否看好未來的經貿互動；(2)這種正面的期待和看好，是否延伸出來持續雙方的和平比挑起雙方的衝突和戰爭來得划算的價值判斷。目前兩岸經貿結構（不管是否對稱），已經呈現一種高度互賴的情況，控

制和降低互賴是否可能，以及如此做是否反而會挑起兩岸互動時彼此的疑慮，進而造成兩岸關係間張力的增加，是值得我們思考的嚴肅課題。當然，這並不是說有高度互賴就可以理所當然的避免張力、衝突與戰爭；而必須是在雙方的認知裡，特別是中國大陸一方認為，唯有持續發展這種互賴，才是對雙方最有利的，否則將得不償失，使彼此都遭到巨大傷害並付出慘痛代價。唯有在這種思維發展下，兩岸的經貿互賴才能發揮到極致並產生促進和平的作用。

現實主義的問題，在於刻意忽略兩岸經貿互動的程度可能已經到達無法控制、降低甚至逆轉的地步，若硬要這麼做，有可能反而增加兩岸的張力；而自由主義的觀點，確實必須切忌不能太過度樂觀，高度互賴並不必然導致持續的和平，而是要有上述的條件做為支持。

二、互賴的兩岸經濟：分工

兩岸做為大小懸殊的政治經濟實體，再加上中共在政治上一直不願對等以待台灣，這是現實主義觀點之所以會一直存在並具有一定吸引力的原因；但是在經濟全球化的制約下，兩岸經貿互賴結構的持續發展，已是不可逆轉的，是一種不依人的意志而轉移的現實局勢，這種看法是支撐自由主

義觀點的最大支柱。現實主義者很容易從衝突的向度去看兩岸關係，而自由主義則很容易從整合的向度去觀照兩岸關係，前者失之於過度悲觀，而後者則失之於過度樂觀；因此，才會導致對兩岸經貿互賴得出兩種不同的解讀。兩岸經貿互賴要能達到促和去戰的功能，必須以上述那個看法，尤其是中共對於經貿互動有正面積極的期待這樣的務實原則爲基礎，才有可能實現。

那麼，在兩岸經貿互動中，如何才能使雙方對經貿互動持續保持正面積極的看法就成爲一個重要課題。而思考此一課題，首先要面臨的是，兩岸如何實施產業分工的問題。按照大陸的立場，當然希望水平分工，但按照台灣的立場，則期待垂直分工，將大陸當作原料、資源、勞力的廉價供應基地。其實，從兩岸的經貿互動來看，雙方已經形成垂直與水平分工相互交叉重疊並存的現象；此外，由於生產要素條件的差異，導致兩岸不同產品存在相對比較優勢的情況，並且形成優勢互補的產業群體，以及分層次分工的現象。更何況，兩岸的產業分工深受國際分工的影響，國際分工的制約力將繼續使兩岸間的多層次交叉分工的現象深化發展[5]。兩岸早已是國際分工的重要環節，世界經濟體系不會願意見到兩岸充滿張力，甚至衝突和戰爭。

三、兩岸經貿互動中的國際因素

　　中國大陸從八〇年代以來的對外開放，從某個角度來看，是經濟全球化制約下的結果，顯示中國大陸由過去閉關鎖國政策的錯誤，而且不太可能再回到過去的狀態；而從八〇年代末以來兩岸所發展出來的經貿互動，其實也是經濟全球化制約下的結果；而透過十多年來的經貿互動，兩岸在形成互賴結構的同時，也形成了上述交叉重疊的垂直與水平分工的產業關係；雖然兩岸在政治上因為對等問題，經常陷入爭議，甚至是九六年的飛彈危機，更使兩岸關係充滿張力；但基本上，和平的局面被維持住了，探究其原因，與上述的兩岸經貿互賴格局有所關聯，應該是不容否認的。十幾年來，兩岸間政治關係仍然因為對等與主權問題充滿張力，可是經貿互動卻從未間斷過，而且中共對於兩岸經貿互動也持續抱著正面的期待。或許有人會認為，中共這種期待是服從於其欲吃掉台灣的政治企圖之下，我們不會去爭論中共期待背後的政治企圖，這是無庸置疑的；同樣的，我們對於兩岸經貿互動也有所期待，在期待後面也有我們的政治企圖。重點在於，兩岸尤其是中共對於經貿互動的持續期待，總是相對的會把兩岸導向和平的方向傾斜和發展。

冷戰時代，台灣的安全，在某種程度上是受冷戰保護傘的庇護；而台灣爲何能夠被納入這個保護傘下，除了戰略地理位置和地緣政治等理由外，主要還因爲台灣有其經濟實力，添加了台灣的戰略價值與地位。而美國對與台灣之間的經貿互動的持續期待，也是美國不願見到台灣被捲入兩岸戰火中的一個很現實的原因。

而在後冷戰時代，上述的理由仍然是美國不願意見到台海發生戰火的主因；更何況，前述也論及兩岸目前均是國際經濟分工的重要環節，再加上經由兩岸經貿互動所延伸出來的經貿能量，更使美國不願見到兩岸間的戰火，因爲，這明顯地損及美國的利益。

九〇年代柯林頓政府不再因爲中國大陸的人權問題，而對中共進行經濟制裁，主要是因爲擔心因此而使中共對與美國的經貿互動不抱期待，進而採取讓美國受不了的激烈行爲；此外，美國與歐洲依賴中東的石油輸出，迫切希望這個地區的和平並與這個地區的經貿抱持高度的期待；一九九〇至一九九一年伊拉克入侵科威特，破壞了美國和歐洲這種希望和期待，這是美法聯軍共同介入波灣戰爭的主因之一[6]。

世界貿易組織（WTO）的最大功能在於建立世界範圍的自由貿易規範，讓各國之間彼此對相互的經貿抱持著期待；由此觀之，WTO對於促進世界和平是有其一定的促進

作用。兩岸即將加入WTO，在此一架構下，應該可以強化兩岸對於未來經貿互動的正面的期待，這對於兩岸的和平應該也是有所助益的。但是，由於兩岸間政治的低盪，除了依靠WTO架構下，還必須靠雙方可以持續維持對兩岸經貿的期待，兩岸間的和平才有可能繼續維持。

二次大戰後，美國幫助日本經濟復甦，並且讓日本維持和美國，甚至其他攸關日本生存的國家地區的經貿期待，以防止日本重新再對外採取擴張侵略行為。讓日本發展成經濟強國，進而使日本和美國，甚至其他重要地區的經濟連結在一起，大大降低了日本對外遂行侵略的可能性。

而很明顯的，當時柯林頓政府在使經濟和人權問題脫勾時，其對中共的戰略，顯然與對日本的態度非常類似，希望讓中共能維持對與美國的經貿抱著高度期待，從而把中共和美國的經濟連綁在一起，大大降低了中共對美國甚至其他地區挑釁的可能性。

美國對日本和中共的經貿連綁戰略，對兩岸關係應該是有所啓發的。或許有人會認為，以美國的國力當然有資格和條件，對中共採取這種戰略；而台灣的力量不能和美國相比，無法採取這種戰略。不過，由於中共曾經閉關鎖國很長時間，而台灣卻在同時累積了相當的經濟實力，十幾年來的經貿互動，已經使兩岸出現某種經貿連結的現象。如上所

述，這是十幾年來兩岸之所以能夠維持基本和平的主因之一。

四、兩岸經貿的互賴發展：一種辯證的思考

中共這十幾年來，想盡辦法吸引台資以及大力鼓吹三通，除了有其內部需求外，在某種意義上，也是怕台灣跑掉，想把台灣和大陸的經濟連綁在一起。而迄今，不管是基於內外部因素的考量，台灣和大陸要脫離這種經貿連綁環套，不但不太可能，而且反而會使雙方更充滿張力和衝突。中共怕台灣跑掉，希望把台灣經濟和大陸連綁在一起，而台灣為了安全和經濟發展的需要，恐怕也得繼續把大陸經濟和台灣連綁在一起。在這種兩岸經貿連綁結構下，台灣如果運用得宜，可以因此增加在世界貿易體系中的位階和分量，並且進而能夠繼續擁有籌碼和條件，把大陸經濟和台灣連綁在一起。如此一來，台灣才能夠在兩岸互動中擁有相對於中共的政治分量和地位。如果當台灣不再能夠在兩岸經貿互動中，擁有和大陸經濟連綁的分量時，那同時也是台灣在世界經濟體系的地位急速下降之時，而台灣也可能因此陷入孤立之中，反而有可能任由中國大陸支配和擺布。

總之，台灣要具有和大陸經濟連綁在一起的分量，才能

有和中共談判和討價還價的空間，以及維護台海安全的條件；這是一般人所無法想像的辯證式戰略思維。台灣的經濟地理，決定台灣的經濟發展必須是外向輻射型的；以當下的情況來看，若只是從狹隘的島國主義出發，企圖走一條閉關鎖國的經濟模式，當然是絕對不可能的；此外，若認為台灣根本不需要理會中國大陸，只需要面向非中國大陸以外的地區，照樣可以使得台灣的經濟發展更上一層樓，這同樣也是不切實際、一廂情願的想法。因為從兩岸十幾年來的經貿互動趨勢來看，台灣和世界經濟體系特別是美國的經貿連綁關係，與兩岸之間的經貿連綁關係是一種相互依存的作用關係，是一種相互支撐的關係，少了其中之一，就好像是少了一條腿一樣，根本無法順暢地走路。

從現實主義去看兩岸經貿關係的人，一直認為，中國大陸在兩岸經貿互動中，其所獲得的大過於或遠大於台灣所獲得的，而且，將導致台灣依賴大陸，甚至使台灣產業結構空洞化；因此，對兩岸經貿互動，雖然不能完全踩煞車，但也必須加以限制，如採取戒急用忍政策。而支持這種看法的現實基礎是，中共一直不願意放棄武力犯台，不願意平等地對待台灣，以及兩岸是大小懸殊的政治經濟實體。從這些現實情況出發，現實主義者擔心，中共會將由兩岸經貿互動所得的利益轉換成自身軍事力量的提升，強化對台灣的威脅及政

治的壓力。

兩岸之間長期以來政治上的敵對，以及近乎零和式的競爭或鬥爭，再加上大小懸殊，這使得台灣難免會對兩岸經貿互動中雙方的行為變得非常敏感，而這也是現實主義觀點為何能在台灣擁有相當分量的影響力和發言權的原因。

換句話說，現實主義者認為，兩岸的經貿是不對稱的互賴，其實是台灣會依賴大陸，這將導致台灣相對於大陸的政治上的脆弱性，使台灣受制於大陸；因此，就必須限制對大陸的投資，以避免對大陸的經濟依賴[7]。

在九○年代中，我們政府基本上是依循中共定義來處理兩岸經貿關係的，除了推出戒急用忍的政策外，還曾於一九九四年推動過南向政策，企圖轉換台商的投資方向，從中國大陸轉向東南亞；當然，政府當局也不時呼籲到大陸投資或進行經貿活動必須謹慎，甚至還明白地希望企業家和商人顧慮台灣安全的問題。可是，從九○年代的資料顯示，台灣對大陸的投資和貿易不斷地增加，似乎並沒有因為「南向」政策或政府有關降溫的呼籲而趨於和緩；而且，在此同時，台灣內部的投資量也是每年增加，這正是現實主義者擔心會造成產業或工業結構空洞化的原因[8]。

從台灣對大陸的投資和貿易量的不斷增加，顯示台商的認知和政府以及現實主義者存在差距；如果不把生產線（尤

其是勞力密集或低技術的生產線）放到大陸，或不去占領大陸的市場，他們將失去競爭力。

而若再從相對獲得的角度來看，整個九○年代，台灣從與大陸的貿易中獲得鉅額的盈餘或出超；儘管，我們可以將此解釋成台灣對大陸的依賴；或者說，這種出超現象在二十一世紀將無法繼續，可能會變成入超；但無論如何，在九○年代中，台灣從兩岸貿易中的相對獲得不小，則是不容否認的事實。

不管是從全球化、台灣的產業轉型、國際經濟分工，或是兩岸既有的經貿關係來看，要禁止兩岸經貿互動，當然已經完全不可能；就連要持續對兩岸經貿互動採取戒急用忍政策，也愈來愈不可能；尤其是在加入世界貿易組織後，兩岸經貿互動中的限制將被迫取消，甚至由單向非直接轉成雙向直接。因此，如果再沿用傳統的單純的現實主義觀點，將有可能使我們付出愈來愈大的政治和經濟成本，進而反過來有可能使台灣安全更沒著落。

現實主義觀點稍一不慎很容易轉變成逃避現實，甚至對現實視而不見，這有可能使決策出現盲點，甚至使台灣陷入經濟殖民的危機和安全危機之中；積極合理的現實主義，應該認真思考，也許互動互賴或合作才是最佳的防禦或進攻，尤其是當互動互賴或合作已經無法迴避的時候。盱衡兩岸當

下以及未來可能的經貿關係，我們必須勇於面對兩岸經貿互動或互賴的現實，並從此格局和結構中，設法使台灣安全獲得保障。亦即，如果要從台灣生存發展的戰略高度來看的話，必須從順著兩岸經貿互動或經貿互賴的趨勢出發，去增加台灣的籌碼，增加中共對台動武的經濟和政治成本，甚至進而促使中共在政治上願意平等相待。

現實主義者的兩岸經貿互動圖案的設想，很容易是單純的零和式的關係，認為一方所得就是另一方之所失；因此，雙方所關心的應該是如何可以比對方獲得的多；但其實，兩岸經貿互動關係已不完全是零和式的，一方之所得，並不全然是另一方之所失。如果中共認為，從兩岸經貿互動，可以繼續有所得，不只是獲得經濟上的利益，而且能將台灣連住綁住；因為根本不需動武，或是動武根本很划不來。這樣相對的是台灣透過經濟槓桿使中共「解除武裝」。當然台灣在透過兩岸經貿互動，讓中共認為有所得，對兩岸經貿持續有所期待的同時，必須藉以提升台灣在世界經濟體系的位階，並促使產業結構順利地轉型，依美國或歐盟在企圖把中國大陸經濟和他們連綁在一起時，台灣也能夠扮演積極的角色；這樣一來，台灣才能獲得國際向度上的安全。

五、未來的前景

　　包括美國在內的西方力量，在後冷戰時代，正積極運用世界經濟體系的力量，來吸納中國大陸，增加中共使用軍事力量的經濟和非經濟成本；而中共透過加入WTO會更快速地融入世界經濟體系，台灣必須順應此形勢操作以建立正確的戰略方向，否則延誤時機，不只對台灣經濟不利，而且會使台灣陷入籌碼流失的危機中。

　　兩岸在政治上有其一定的歷史癥結無庸置疑，但在經濟上卻愈來愈突破政治上的藩籬而形成一種共生互融的結構，這或許可以視之為在資本主義社會主導下一種市場取向所帶來的必然發展吧！事實上，在後資本主義（或云後社會主義）時代，資本主義全球化的浪潮早已席捲世界各地，全球化的思維以及由這種思維所衍生出來的種種觀點取代了冷戰時代的種種對立，成了一種全新的且幾乎是無可顛覆的意識形態，換言之，一種和平共榮、休戚與共的新理念取代了冷戰時期的對立和衝突，這一點也非常明顯地表現在兩岸的經貿關係上，台灣必須要能察覺到這一點並且善用此一籌碼，如此，方能在兩岸日漸頻繁的經貿關係中取得優勢地位，從而為兩岸關係找到一條出路。

註 釋

[1]C. Copeland, "Economic Interdependence and War: A Theory of Trade Expectations," in Michael E. Broun, Owen R. Cote', Jr. Sean M. Lynn-Jones & Steven E. Miller eds., *Theories of War and Peace*, (The MIT Press, 2000), p.469.

[2]Ibid., p.468.

[3]Ibid., pp.475-476.

[4]Ibid., p.466.

[5]龍永樞主編，《海峽兩岸經貿合作關係研究》，北京：經濟管理出版社，1998，頁41-42。

[6]Dale C. Copeland, op cit., p.499.

[7]Ping Deng, "Taiwan's Restriction of Investment in China in the 1990s," *Asian Survey*, 40:6, p.972.

[8]Ibid., pp.962-964, p.972.

第七章

後現代與後殖民語境下
台灣社會科學的出路

社會科學在台灣，雖然曾經歷經諸如「國際化／本土化」的爭論與對科學主義批判的反思，但是總的來說，仍然繼續朝科學化的方向發展，而且也繼續受以西方特別是美國社會科學主導權的制約。不過，在另一方面，繼續深化發展的科學化或所謂西方化，當然已經擺脫絕對主義的堅持，開始懂得多重視本土的歷史、田野調查和移情式（empathy）的詮釋和理解。

　　其實，如果總的觀照過去這些爭論，我們會發現爭論雙方雖然立場不同，但都是不同程度的本質主義的表現。不管是向東倒或向西歪，都容易陷入絕對主義的陷阱之中。

　　在冷戰結構中，特別是五、六〇年代最高峰的時代，社會科學的研究很容易淪為替意識形態操作服務的政治工具；同樣的，在兩岸冷戰結構制約下，特別是台灣開放赴大陸探親之前，台灣的不少社會科學的研究是為這種冷戰所延伸出來的意識形態對抗，以及與這種對抗相配套的威權結構服務的工具。

　　在威權制約的年代，台灣的社會科學研究基本上雖然標榜中原文化中心主義，但不斷地受到西方強勢學術思想和文化環境的壓力；而所謂台灣本土立場的論述基本上被認為遭到忽略。這種學術文化語境的不平衡結構，曾經引發環繞爭取本土化立場的爭論。

在另一方面，與所謂對科學主義批判相結合的，是一種環繞現代化論述是否適用在非西方國家和地區的爭論；因此，也算是是否應該繼續走西方中心主義途徑的議論。當然，其中也涉及到台灣學術思想界歷史主義意識的抬頭。

一、國際（西方）／本土二元劃分

其實，環繞上述這些爭論而來的是學術思想界尋求文化認同的表現。威權政治主要是要建構統一的文化認同；隨著威權的被解構，再加上全球化發展的衝擊，不同國家地區的文化思想，或是不同學科領域間的相互交流作用，更為蓬勃發展。使得多元文化主義、多元文化認同和差異政治，也成為台灣人文和社會科學界的主流現象；而這也加深台灣內部企圖重建統一的文化認同的複雜性和困難度。

對西方中心主義的批評，經常是立基於所謂「本土經驗」和「本土性」的堅持上，西方中心主義企圖建構和想像出一個統一或同一的全球文化或學術思想情境，其背後的設定是希望非西方世界也能表現西方經歷過來的「現代性」。而受後結構主義的影響，西方的後殖民主義批評，主要就在於解構西方中心主義背後堅持「現代性」的本質主義。台灣文化學術思想界對於西方中心主義的批評，應該也可以算是某種

形式的後殖民主義和解構主義批評；可是，在強調本土性和本土經驗優位的同時，卻很容易建構另一種模式的本質主義和以此爲基礎的族群認同；而這本質主義或族群認同是以某種民族或種族主義爲基礎的；透過這種本土化的本質主義的再造，整個分析架構仍然是國際（西方）／本土二元劃分的話語模式[1]。

批評或宣稱要當告別「國際性」或「現代性」，透過上述的模式，很邏輯地當然是要回到所謂「本土性」。可是這種向本土復歸的訴求，在台灣的社會科學領域，卻顯得有點近鄉情怯，因爲縈繞在人們心中的迫切問題是：所謂本土性是什麼？眞的有所謂「本土性」嗎？台灣能夠有足以和西方「現代性」相抗衡的深厚本土性基礎嗎？文化或學術思想之間眞的是一種相互抗衡的關係嗎？

縱觀二次大戰後的台灣社會科學領域，我們可以發現，除了上述爲冷戰和威權政治服務的現象外，還存在著、充斥著借用、照搬西方或其他（主要是日本）概念、術語、命題和理論的現象。這種現象當然可以被解釋成西方學術思想霸權制約的結果，或者也可以被認爲是台灣社會科學界「自我殖民化」的表現。而如果從這樣的解釋邏輯和向度出發，我們也可以把台灣社會科學界當作是西方社會科學的附庸。透過這種依附關係的運作，我們甚至可以認爲，台灣社會科學

界喪失了自己的話語，陷入「失語」困境之中[2]。

這種解釋取向，成爲前述要求向所謂本土性回歸，或朝本土性發展訴求的辯護基礎。而這種訴求目標是建立一個屬於台灣自己的本土性語境，進而使台灣在世界的社會科學領域中能夠有自己的聲音。這或許可以稱之爲建立有台灣特色的社會科學話語系統。

回歸台灣本土性，這當然滿足了某種民族主義或種族主義感情的宣洩，但是這種宣洩除了情緒表現外，充其量只能停留在想像的層次上來操作；如果眞要落實到現實世界，可能就會造成誤導或另一種災難。因爲所謂的向台灣本土性的回歸，也許就是另一種封閉的保守的學術思想氛圍的出現。對西方中心主義的批評或反思，就如前述具有後殖民主義批評和解構的意義，但是卻很容易被轉化成排斥外來影響和衝擊的閉關鎖國的心態。一味的遵循、接納或甚至強調西方中心主義的立場，不只是一種學術思想的依附，更是把學術研究轉變成政治；但另一方面，堅持所謂本土性，同樣也很容易使學術研究變成政治或民族主義宣洩。兩種立場都是如上述所說的都是本質主義，這其實都是後殖民主義批評所要解構的[3]。

回歸本土性的訴求，是與斷言台灣社會科學界全盤西化或「他者化」的認定相連結。但是就如前述「到底有無所謂

本土性」都成問題，就連到底眞的有無所謂全盤西化，同樣也成問題。我們當然知道，以西方爲主體的「現代性」，在其形塑、展現與發展的過程中，不斷超過西方往非西方世界擴散。而在擴散的過程中，當然與資本主義全球化擴張或隨此而來的所謂經濟、政治或文化帝國主義作爲直接關聯在一起；但是，這種「現代性」的擴散，是依據在不同國家和地區各自的本土的國情和歷史條件上來進行的；亦即「現代性」的擴散是必須經過本土性的洗禮才成爲可能的。因此，「現代性」的擴散，在不同國家或地區都經過不同形式和途徑的改造和轉換；對於非西方世界而言，在威權價值向度上的批判，或許可以講有所謂全盤西化現象的存在，但是如果從歷史現象來看，顯然就不合乎事實。

既然所謂「全盤西化」並不眞正存在，那麼以反對「全盤西化」而強調回歸本土性的訴求，就很容易失去合理的辯護基礎。其實所謂「本土性」是一種抽象的虛構，它充其量只算是感情或情緒性的認知，或是一種「本源中心論」的變體式範疇，代表著人們對於一種恆定本質的素樸期待和信仰；在現實世界很難找到眞正的對應實體。

對所謂本土的回歸，就如前述是一種文化認同和身分認定的表現。而不管是文化發展或身分認同，都必須設定「他者」做爲參照；更有甚者，任何階段的社會或國家或地區，

在其發展過程中，也都必須設定「他者」的存在。而身分認同絕對不是透過本質主義式的途徑所能竟其功的，它是一個不斷流動複合的過程，取決於「自我」和「他者」不斷變化的關係而定。身分認同絕對不是與生俱來的、先天的被決定的，而是後天的甚至是被創造和製造出來的。如果把身分認同本質化和絕對化，是不符合現實的，我們不會反對透過設定「他者」來進行身分或文化認同，很難以本質主義的方式和途徑來進行。準此以觀，所謂西方／本土這種二元模式的出現，如果從上述角度來看，是可以理解的；但是必須更深入地瞭解到：西方與本土之間是互證、互滲和互撐的，其實誰也不能完全吃得掉誰。

西方社會科學發展過程中所發展出來的研究技術和方法，是具有普遍性的；它不涉及態度、立場和取向，或者就如前述文化和身分認同的問題；因此，或許可以算是價值中立的；但是，它們的被操作是在一套態度、立場和取向的制約或指導下來進行的，這就很難繼續被認為是價值中立的。

在另一方面，支撐研究方法和技術的本體論、知識論、人論和方法論的系統，其實也是具有普遍性；不過，它們也會被轉成具有價值判斷意涵的爭論；譬如說可以變成主體主義（subjectivism）和客體主義（objectivism）或現代性主義和後現代主義的爭論；而這些爭論可以更進一步的與一套態

度、立場和取向結合在一起。

其實在這些爭論中，可以看出悖論的痕跡，基本上也是依循著設定「他者」的方式來進行，因此，這些爭論本身或許也可以說成是，企圖透過悖論式話語的操作來進行文化認同和身分確定。社會科學的研究如果被細膩地追根究底的話，應該可以被統攝在文化研究之下，或至少可以相結合。

社會科學研究不只涉及技術方法、本體論、知識論、人論和方法論的差異，還涉及到價值態度和立場的不同問題；有差異就會有選擇，有選擇也就會有價值判斷。而不同國家或地區的本土性研究機制和成果間的關係如何被認定和安排，如前述更涉及到價值取捨和文化身分認同的問題。面對這個問題，我們當然反對以西方為中心和取向的學術霸權，但是同時也反對以堅持所謂本土優位為由所形成的閉關守國的心態和傾向。

二、照搬與拿來主義V.S.內部取向

照搬和拿來主義絕對不是台灣社會科學所可以走的道路；但是，西方在社會科學領域所建立的從方法以至於概念和理論建構的經驗和成果，對台灣是絕對有相當重要的參考價值的。不過，經由前面的反思和論述，我們必須真正體現

後現代主義和後殖民主義批評中解構本質主義的精神；絕對不能讓後現代主義和後殖民主義批評變成替一種更爲陳腐的追求純粹本土性的本質主義辯護的工具。反對一個「中心」，絕不是爲了樹立另一個虛構的「中心」，而是爲了要解構所有的「中心」，促成相關各造間多元且相互的交流和作用；跳脫非此即彼的二元巢臼，而形成「你中有我，我中有你」的辯證統合關係。

照搬和拿來主義是一種外部取向的研究途徑；如果不是對台灣社會內部機制和歷史視而不見，往往就是加以扭曲或誤讀；或者是拿台灣社會去遷就照搬過去的概念、命題和理論。台灣社會科學界必須在研究取向上做出從外部向內部取向的轉折。而所謂內部取向，就是把被研究對象首先放入歷史之中，從而把它看成是在歷史發展過程的內在結構和趨勢制約下的產物。此外，更重要的是避免毫不加反省地接受以西方爲中心所確立的歷史準繩的宰制[4]。

在另一方面，所謂內部取向，意謂著研究者必須將自己和被研究對象當成是置身於同一結構內，不斷從歷史材料或當下的田野調查、訪談或深入的接觸互動，去掌握瞭解被研究對象的內在機制，以及在整個縱向歷史中的角色和意義。亦即研究者必須讓自己成爲局內人，而不是旁觀者，研究才能更爲貼切和周延。

這也就是說，拿外來的社會科學的各種理論、概念和命題，來關照台灣社會並非不可以，只是必須力求把它們和對台灣歷史的分析相結合，讓彼此之間有辯證的互動對話，而不是單向的照搬照套而已。多一點根植於台灣的歷史意識，或許台灣社會科學的研究就不會成為無根的浮萍，或是隔靴搔癢，經常抓不到癢處。

如果所謂回歸台灣本土，是指上述的採取內部取向研究途徑，將研究對象置於台灣的歷史脈絡中的話，那麼就算是合理而且是可以被接受的，這種研究途徑與前述的那種本質主義，追求絕對、純粹的所謂本土性和族性是不同的；因為這種研究途徑基本上是開放的，而不是保守封閉，甚至是排外的。

不過，台灣社會的發展除了與中國大陸所醞釀出來的中原中心主義取向和被殖民歷史有關外，更與資本主義世界體系的運動擴散過程有關；不管台灣在不同歷史階段究竟是被定位在處於資本主義世界體系中什麼位階，台灣內部的政治、經濟演化甚至階層或階級的演變，都受資本主義世界運動的衝擊和影響。因此，我們除了應該首先把被研究對象放入台灣的歷史脈絡外，也應該注意到資本主義世界體系對台灣所產生的結構性制約力。

或許，討論至此，就會引發到底是資本主義世界體系的

衝擊影響力大，還是台灣內部社會歷史發展趨力的制約力大的爭論。其實，這種爭論是一種非常化約的命定論式的論述，基本上都不符合事實。台灣內部諸多的社會現象，是資本主義世界體系力量和社會歷史發展趨勢透過辯證互動，共同作用下的結果，爭論到底哪一方面的影響力和決定作用大，其實是非常沒有意義的，台灣內部的階層和階級，不只是順著內部社會歷史發展趨力在演變，更是受資本主義世界體系的制約，作為一個世界性範疇而存在。

上述的論述，主要在闡釋不能將所謂內部取向絕對化；內部取向是一種對於台灣的歷史意識，透過這樣的歷史意識的昂揚，然後再把台灣置於內外部因素或力量共同作用的辯證結構之中；抽離有關台灣的歷史意識和歷史分析，純然的著重外部因素或力量對台灣的影響，這是絕對不可能符合現實的。

此外，由於台灣和中國大陸之間特殊微妙的歷史關係，當人們強調要回歸本土的時候，不只會面臨對西方中心主義，甚至更是對中原中心主義的挑戰。中國大陸的歷史演變的過程和趨力，對於台灣社會發展的影響衝擊不可謂不大，其作用絕不下於資本主義世界體系對台灣的影響。從現實的實體區隔來看，中國大陸相對於台灣無論如何當然是一個「外部」地區或做為一個外部力量而存在。台灣社會的演變

發展，當然在相當程度上是透過台灣內部的歷史趨力和中國大陸這個外部力量辯證互動而成為可能和現實的。當然這個向度的辯證互動，與上述台灣和資本主義世界體系辯證互動，可能有所交叉之處，但絕對是不同的；而台灣基本上是置身於這雙重向度的拉扯之間。不過，我們也不能把這兩個向度視為互相對立的，而應該將其也視為交互作用的辯證關係。

就如前述社會科學的研究，追究到最根本的態度立場問題時，其實就屬於文化和身分認同的層次；那麼當台灣面對中國大陸時，由於兩者之間特殊的微妙歷史關係，所謂堅持台灣本土立場，或追求所謂本土性，很容易就會引爆出某種帶有相當感情化或政治化的爭論。要化解這種爭論，其實重點也在於要跳出各自的本質主義的堅持。

如果我們能擺脫西方／本土這種絕對二元對立的悖論式的論述話語的宰制，從而透過辯證的角度去化解本土性或西化爭論困境時，當然，我們也必須要跳脫中國／台灣或中華性／本土性這種絕對二元對立的悖論式的論述話語；西化和本土性，中國／本土在人文和社會科學領域中，絕對不應該是完全對立的；所謂「完全對立」，如果不是虛構的，就是一種政治化的論述，或某種狹隘的種族或民族情結的宣洩，基本上是不可能符合現實的。在全球化迅猛發展的當下，純

粹、絕對的，所謂中華性或台灣本土性更是絕對不可能存在的；這些訴求或堅持講得比較白一點，其實是非常無意義的文字遊戲。

　　當然，反過來看看中國大陸在改革開放之後，對台灣的研究，我們可以發現，中國大陸基本上確實仍然沿續傳統的中原中心主義的途徑來看台灣，並且形成一套有關台灣的想像和認知系統和架構；中國大陸這種台灣學，是一種居高臨下式的對台灣「鏡像式」的誤讀；我們當然不能接受，也不能採取相同的途徑來觀照和分析台灣。我們不只要解構西方中心主義，同時也要解構中原中心主義；但就如上述，我們不能因此而掉入另一種堅持所謂台灣本土性的本質主義之中。台灣是個海島，長期以來一直具有海洋文化的傳統趨力，我們的社會科學界，當然不能走「拿來主義」的途徑，但也絕不能走保守閉關鎖國的路。

三、後現代與後殖民批評的取向

　　薩伊德的「東方主義」論述，做為一種後殖民主義批評，經常被非西方世界的人文和社會科學界，引為批判西方中心主義的憑藉，從而紛紛在滿足民族或種族情感宣洩之餘，多掉入本質主義的褊狹困境之中；其實這是對薩伊德

「東方主義」論述的誤讀或誤用，因為薩伊德的論述主要是反本質主義的，他並沒有而且也無意要告訴人們什麼才是「真正的」東方。在此，我們要特別指出，往後台灣的社會科學界不能再以薩伊德的論述，得出反薩伊德論述精神的過度引申的結論[5]。

在另一方面，不只台灣與西方，或台灣與中國大陸之間，存在著誰才是「中心」或反「中心」的問題；就連台灣內部，各族群或各個地理區塊間，也存在著相類似的問題。其中特別是如何對於研究台灣內部少數族群，特別是原住民，最為顯著。說實在，我們對原住民的觀照和研究，往往也是透過一套想像而來的認知系統，居高臨下式地來進行。如果要扭轉這種態度，首先當然要把對原住民的研究，放入原住民的歷史發展脈絡中來看，並且透過更多的田野調查、訪談和深入接觸，設法成為局內人，改變漢人中心的外部取向的途徑；並且，也要呼籲原住民也應該採取內部取向的途徑，進行對他們自身問題的研究；當然，採取所謂內部取向，也必須遵循前述所言的辯證的邏輯原則來進行。我們期待原住民也不必掉入原住民／漢人這樣的悖論式的二元對立的本質主義困境中。而且，同時我們也要強調漢人對原住民的研究，不能透過凸顯原住民的酗酒和所謂落後，來滿足漢人的獵奇心理和自我優越感。其實，台灣內部處於優勢地位

的族群對於弱勢族群的研究，同樣地也必須揚棄居高臨下式的心態。否則所謂研究可能只是一種誤讀或虛構想像。

台灣內部有不少或大或小的民俗旅遊場所，其中尤其是標榜原住民民俗風格的遊樂區或度假村相當引人注目；從某種意義上看，這是一種悲劇式的文化展示；其中帶有透過凸顯「異族情調」來媚娛文化「他者」，誘導強勢族群對弱勢族群抒發居高臨下式優越感的性質；其實，我們觀察台灣社會科學界中有關弱勢族群或原住民的研究，不可諱言的，在一定程度上，也存在著強勢族群對弱勢族群居高臨下式的誤讀或「施捨」的現象。

此外，台灣的社會科學研究，必須擺脫宏觀途徑或微觀途徑孰優的爭論。一般所謂的微觀途徑，著重從人的心理和行為入手分析，強調人的理性計算和選擇，認為社會現象是個人或團體在逐利動機趨使下，進行理性算計下的產物或結果。這種途徑是一種化約的途徑，企圖透過心理的理性計算這種微觀機制去解釋社會現象的意涵。而反過來的，若從相對比較一般、粗糙的宏觀途徑，則很容易走上客觀決定論的方向，進而忽略或甚至抽掉人的主體能動性，或是心理行為的作用和角色，把人看成是被動的制約反應機器；這與上述的途徑，又是另一種極端。其實，若從社會和人的存在現實層面來看，這兩種悖論式的二元對立的途徑，基本上，都不

符合現實，因此也不能被定於一尊地用來作為研究社會現象的依據；捨棄宏觀面只重微觀面，跟捨微觀面只重宏觀，同樣都是化約，都是扭曲現實；而且爭論到底是宏觀面或微觀面重要，其實是相當無意義的，人的行為表現或社會現象，基本上都是內在的心理趨力和外在的宏觀結構力量共同作用，辯證互動的產物；所謂宏觀和微觀的區隔，在理論上可以成立，可是在現實層面上是無法以二元對立的方式加以區隔的；我們必須跨越這種區隔，並且透過它們之間的辯證統合過程來分析社會現象。

同樣的，不管是在本體論、知識論、方法論等層次，我們必須跳脫不是堅持主體主義，就是堅持客體主義的本質主義的心態。其實，從人存在的現實來看，根本不存在主客體的二元對立，主客體的區隔，在分析方便上，還可以講，但在現實上，主客體是辯證的關係，互相保證，互相支持，互相滲透。主體必須靠客體來支持，同樣客體也必須透過主體來加以確保。這種對待主客體關係的態度，或許可稱為後現代主義的，而這種態度毋寧是揚棄本質主義的合理的態度。

在另一方面，現在台灣的社會科學界如果堅持絕對的科學主義的路線，將是不可思議的；這種科學主義不只是一種封閉的本質主義，更是一種獨斷的學術霸權主義。量化、數學化或模型化的分析方法和途徑，只是研究社會現象的一種

方法和途徑，它不能被絕對化和定於一尊。詮釋學式的分析，或批判式的分析，同樣都是掌握社會現象的一種管道，更重要的是，台灣的社會科學研究，必須多一點歷史意識，將研究歷史分析結合起來，不能爲了科學主義的堅持，或遷就量化、數學化或模型化的要求，而抽掉社會現象背後的歷史脈絡，從而使整個研究陷入抽象的困境之中。此外，如果要讓社會科學研究更爲細膩貼切的話，還必須將其與文化分析結合起來。抽掉歷史和依托在歷史中的文化，社會科學的研究基本上不能算是眞正的有關人和人的世界的研究，而是對於一種被抽象化、被簡化的虛構對象的研究，這種研究往往是無法呈現現實的。社會科學研究者，不能被虛幻的所謂謹守客觀性立場所圍，而不敢作一個歷史和文化中人；社會科學研究者的歷史和文化屬性，是任憑研究者想甩都甩不掉的。

在後現代和後殖民的語境下，我們不能認同與相信世界是可以完全同質化的，或者可以存在單一的文化型態。我們既要反對西方中心主義式的全球化和中原中心主義式的兩岸統合觀，也要反對堅持所謂絕對的本土性的心態。在不同的社會科學區塊間的互動，如果秉持後現代和後殖民的心態和精神，應該可以逐漸磨出一個既允許存在差異性但又能相互接納的有機整體關係。

而既然社會科學研究追根究底與文化和身分認同有關，那麼我們不會反對透過設定「他者」的分析途徑，但是作為台灣社會科學界的一份子，我們不能將自己「他者化」，或「自我殖民化」，而必須從內部取向出發，辯證地將研究與歷史分析相結合。

　　而當我們在處理台灣社會現象的外部因素時，千萬不能陷入「衝擊與回應」的化約困境，這種分析方式，除了前述是一種客觀決定論的論述外，更透過一種單向序列的時間觀作為論述基礎。這種論述方式，很容易把包括台灣在內的非西方世界的文化或社會當成是巴甫洛夫的狗，僅能針對外來的西方衝擊或刺激作出本能式的回應；或者是像撞球台上的撞球，在被外來力量衝擊後，作出一系列單向式的連鎖反應。我們必須形成辯證式的思維模式，跳脫單向序列式的因果觀，認識到因素或力量之間是多元交互作用的。尤其是在以資訊和電信科技為骨幹所推動的更加迅猛發展的全球化，及時性、多元、同步交互交作用的過程無時無刻不在發生；而且，同樣的以資訊和電信科技為基礎，創造了一個全球範圍的資訊領域（infosphere）[6]，跨越了實體物理和民族國家界限；它已經可以成為人們生活的場所，可是卻與傳統的人的生活場所是不同的。而對這種既是虛擬化又真實的人的生活世界，所謂社會、人或歷史與文化等範疇，恐怕都得重新

被定義和界定；因此，不管是人文或社會科學，都面臨極嚴峻的挑戰，甚至已經進入一個山雨欲來風滿樓的革命階段。透過近代以來以西方為中心所形塑的社會科學研究方法、途徑、概念、範疇、命題和理論，也都面臨被揚棄的命運。

　　在這樣一個資訊主義時代，我們的社會科學研究不只要面對實體世界的社會現象，更要面對虛擬世界中的諸多虛擬「社群」或社會的問題。而其中最重要的是，所謂虛實之間，其實也不是絕對二元對立的，而是一種互相滲透的辯證關係。不過，虛擬世界的出現與存在，向我們告示，不只只有一個實體世界，還有可能出現不同於實體世界的多重多元的世界，這不只顛覆了傳統的宇宙觀和本體論，更會對自然、人文和社會科學既有的研究習性和傳統進行解構。行文至此，我們的內心應該是既恐慌又興奮，在傳統的諸多爭論未能得出一個符合現實的辯證思維取向之際，我們又要面對一個充滿挑戰的未知的將來。

註 釋

[1]王寧、薛曉源主編，《全球化與後殖民批評》。北京：中央編譯出
版社，1998，頁192-193。

[2]同註[1]，頁193。

[3]同註[1]，頁194。

[4]Paul A. Cohen，林同奇譯，1991，《在中國發現歷史——中國中心
觀在美國的興起》，台北：稻鄉出版社，頁239。

[5]同註[1]，頁198。

[6]Alan D. Campen & Douglas H. Dearth eds., *Cyberwar 2.0: Myths,
Mysteries and Reality*, (AFCEA International Press, 1998), pp.77-79.

第八章
全球化時代下的台灣如何走出困境

一、前言：台灣的困境

　　由於一段歷史現實，使得兩岸之間成為互不隸屬的兩個政治實體，而又由於這兩個政治實體間的大小相差懸殊，遂造成在後冷戰時期，對國家主權和認同問題的爭議成為兩岸間難以解開的僵局。中共政權以東亞新崛起的霸權姿態，不斷壓縮台灣在全球體系中的生存空間，不但在外交政策上封殺台灣，甚至在經濟上也逐漸取代台灣在全球體系中的優勢地位，台灣在全球舞台上能伸展的空間愈來愈狹小。台灣如何走出這種困境，避免在中共強大的國際壓力下被「邊緣化」？如何在國際現實中爭取一席之地，向世界體系證明自己的存在，同時獲得多方國際力量的奧援，是值得我們思考的議題。

　　吾人以為，要解決台灣當前的困境，可以就兩方面做出考量：首先，在針對意識形態層面的思考上，必須拋棄傳統地緣政治學所發展出來的國家和主權觀念，代之以一種全球化、資訊化時代下，強調全球經濟一體化所發展出來的互賴主權的概念來做思考的起始點。其次，針對國際關係的部分，我們也必須跳脫自由主義和現實主義的範疇，而以一種結合區域主義和全球主義的辯證思考來看待台灣所應該扮演

的國際角色。我們必須認知到，在全球化時代，我們不能再以傳統的國家、主權、領土的觀念上來看待兩岸關係，也不能再以政治實體的大小來作爲區別兩岸間強弱的依據，甚至台灣對國家安全概念的認知也必須有所改變；換言之，我們必須以一種新的觀念和新的視野爲兩岸原本無解的僵局尋找突破口，爲台灣的前景開出一條新的道路。

二、全球化下的變革：跨國組織的興起

在資訊化、全球化時代，許多傳統的觀念都受到了嚴厲的挑戰，其中最明顯的是國家和主權觀念的轉變。在全球化的架構下，政治議題不再是主導國際關係的唯一焦點，經濟、社會、文化乃至環保議題，都成爲全球體系的重要組成環節，某些場合對經濟議題的重視甚至已經凌駕在政治議題之上，這自然與世界經濟市場的形成有關。由經濟向度視之，全球社會成爲一個大的貿易市場體系，傳統國家所扮演的角色與功能逐漸模糊退化，取而代之的是全球性的跨國組織的興起。從最早出現的跨國組織，一八六五年的「國際電報組織」（International Telegraph Union）到今天左右全球經濟情勢的國際貨幣基金組織、世界銀行、世界貿易組織，從聯合國這樣的世界性組織到如歐盟、東協般的區域性組織，

從政府組織到非政府組織，已經有愈來愈多的跨國組織取代了傳統國家成為行為的主體。截至一九九六年為止，跨國性政府組織已經達到二百六十個，而非政府組織更高達五千四百七十二個[1]，這些組織使得全球性政治、經濟、文化與社會得以正常地運行。也因此，傳統國家的概念發展也已經由絕對國家的概念擴展成「民族國家家族」（由國際組織、國際建制與國家共同組成），相對於它的便是不屬於國家系統操控的跨國公司、非政府組織，不管是哪一種，這些跨國組織在全球體系中扮演了十分重要的角色。某些原本屬於國家獨享的權力也逐漸讓渡到這些經濟體上，特別是當世界經濟體系形成，「國家利益」的定義不再侷限於對傳統領土和有形資源的取得時，對資訊和知識的獲取變得更加重要與迫切，因為豐富的資訊和知識可以創造出更大的財富。傳統國際政治上所關切的政治議題其實已經為經濟議題所取代。

當經濟議題凌駕在政治議題上時，其實也意謂著傳統主權觀念的被解構，經濟全球化的日益加深，伴隨而來的便是國家疆界的模糊化與主權行使絕對化的喪失，國家內的團體或個人，可以在經濟向度上對全球體系發揮不可忽視的作用。除此之外，經濟全球化也使得國際事務日益複雜化，造成國家之間的交往日漸頻繁，許多繁雜的事務往往必須透過兩國、甚至多國之間彼此合作才得以解決，所以，一種新時

代的「互賴主權」觀念取代了傳統的威斯特伐利亞主權，個別國家無法再像以往一般高度自由地行使排他性的主權，類似像「經濟主權」、「資訊主權」、「科技主權」的興起不但改變了傳統主權的政治意涵，也連帶影響了對傳統國家作為一個絕對行動者的認知。在以資本主義市場經濟為主導的資訊化、全球化浪潮下，國家和主權觀念都逐漸在這種新型態的全球關係架構下被賦予新的意義與內涵。這一點其實對解決兩岸之間的困境有十分正面的助益。

台灣或許地小人稠，或許地處偏僻，但在全球化、資訊化的時代架構下，台灣可以被塑造成一個科技島、一個資訊城市、一個高科技產業中心；可以將自己由傳統地緣政治學上的蕞爾小國角色提升到科技大國、經貿大國，可以讓自己由地理位置上的「邊陲」一躍而成為全球舞台上的「中心」，如早些時候台灣致力發展的亞太營運中心便是一種很好的想法。況且當台灣逐漸以「中心」的姿態在全球體系中建立自己的揮灑空間時，它與整個全球社會的關係便更顯得密不可分，成為全球體系中一個動靜觀瞻的一份子，中國大陸自然無法再以傳統的國家觀念和主權觀念，來拘束台灣作為一個全球體系中行動者的能力與自由，中共甚至不得不正視此一事實而承認台灣在全球架構中的主體性與行動力，如此，台灣自然就可以避免處處受到中國大陸的掣肘而走出自

己的路。

在全球化的影響下，世界經濟一體化的形成已經是一個不爭的事實，兩岸之間的經貿的高度交流也是一個不爭的事實。一九九九年兩岸的出口貿易總額大略爲二百五十七億美元，台灣對大陸出口爲二百十二億美元，進口只有四十五億美元，中國大陸已經成爲台灣最大貿易順差的對象，而對經濟正在起飛的中國大陸，台灣也成爲其第五大貿易伙伴和第二大進口市場[2]。特別是兩岸在加入世界貿易組織後，兩岸間的經貿、投資政策勢將受到修正與調整。兩岸之間的經貿發展如果朝向一種全球產業分工的方向發展，必將使兩岸經貿關係產生更緊密的結合。這使得兩岸關係的關注焦點可以集中在經貿發展和共生共榮議題上，台灣可以在這個方面成爲大陸的經濟伙伴。

近來區域經濟組織的構想甚囂塵上，已經成爲全球區域經濟發展的熱門課題。在一九九九年，以美、加、墨爲主的北美貿易區和歐盟的十五個國家，其國內生產毛額（GDP）的總值便占了全世界的六成，而兩岸加起來才占將近5％，即使加入東協國家也才占了9％，顯然亞洲地區的經濟能力仍遠遜於歐美地區[3]。不論是中國大陸或台灣，如果不努力加入或是聯合其他亞洲區域國家共同組成一個區域經濟組織的話，即使加入WTO，還是有可能逐漸被孤立在世界經濟

體系發展之外，這一點，也給了改善兩岸關係和台灣的未來
出路相當大的揮灑空間。

三、全球主義與區域主義的辯證結合

　　第二次大戰之後，民族國家成為國際關係活動的主體，
整個世界體系是依循這些國家的活動所確立的，這些國家之
間或為了自身的利益、或為了國家安全的考量，紛紛會選擇
對自己有利的國家組成一股結盟力量，這便造成了「區域主
義」的興起。但在後冷戰時代，由於全球事務的複雜化以及
各國人民間高度的互動，國內事務和國外事務已不再能十分
明顯地截然二分，「互賴主權」的概念已經逐漸取代「主權
獨立」而成為國際關係間的一種互動原則時，一個「全球社
會」的概念悄然來臨，伴隨而來的便是由這種全球主義觀點
發展出來的「全球治理」（global governance）概念的興起。
「全球治理」主要的概念是強調全球秩序應該從全球的角度
去建立與維持才能得到更好的結果，著重面向已不再侷限於
以國家作為行動主體，而是以整體的全球視野來看待國際多
元體系的建立[4]。這一點與區域主義的觀點其實是大相逕庭
的。但也因為如此，以區域個別發展為主要核心的區域主義
和以全球整體發展為核心的全球主義，在全球化時代下以不

同的思維邏輯同時並存且運作著，兩者呈現出一種辯證發展的互動關係。

後冷戰時期由於政經局勢的變化，在東亞地區出現了三股區域主義勢力的互動牽扯。首先，是以美國所主導的「亞太主義」，希望配合全球經濟一體化的概念而在亞洲地區推動亞太一體化，重新建立一股新的力量以取代其在冷戰時的霸權結構。其次，是由東協十國所形成的「東協主義」，在全球經濟快速融合和挾雜在美、中兩大強權競爭之下的不安全感，使得東協國家在國際政經局勢的壓力上形成一股更團結的力量，發展出在兩大強權之間又抗拒又結合的「東協主義」。另外，中國大陸和日本也分別提出不同內涵的「東亞主義」，以作為其爭取區域霸權的有利依據，特別是中國大陸，由於亟欲建立其在東亞的位置，更是強調以區域安全、區域繁榮為主要訴求，希冀對抗、排除以美國為主導的西方勢力對亞洲地區的介入[5]。

台灣在這種「區域主義」和「全球治理」觀念的拉扯之下，更是可以藉此在其中尋求到一個平衡點，使得台灣同時成為區域主義和全球主義下的重要環結，在愈融入世界體系的同時，也確保自身的國家安全。台灣做為東亞的一份子，也同時是世界體系的一環，應該是區域組織和全球架構下的一個當然組成份子，是各方勢力拉攏的對象。但由於兩岸之

間的特殊局勢，使得台灣往往成爲各方勢力角逐下的孤立者或落單者，台灣應該積極主動地爭取加入這些組織，並且在區域組織和全球組織中都占有一席之地才是。

四、台灣的因應之道

在資訊化、全球化時代，台灣如果想在世界舞台上走出自己的一片天空，就必須要積極參與全球事務，除了與中國大陸依靠經貿互動維持良好關係外，還必須以實力爭取加入跨國組織的機會，使自己得以成爲世界舞台上的要角。同時身處在區域主義和全球主義的架構下，要能使自己找到一個適當合宜的位置，這些都必須要靠台灣不斷地厚植自身的經濟實力，提升自己的產業型態，並將自己塑造成一個以高科技產業爲主的科技王國。如此，台灣在全球體系上才能獲得其他國家的認同並獲得其他國家的援助，台灣的未來才會充滿希望。換言之，台灣必須透過以中國大陸作爲載體，去面向全球經濟體系；另一方面，台灣也必須透過以全球經濟體系和區域經濟發展作爲載體，與中國大陸互賴共榮。根據上述的分析，吾人認爲台灣的未來將可朝下列幾個面向努力：

（一）在區域主義和全球主義的概念下尋得平衡點

1. 台灣在面對中共的武力威脅下，似乎應該選擇加入美日合作的亞太主義，同時儘量向東協國家釋出善意換取友誼，以避免被中共孤立。

2. 在全球架構下，台灣應該與中國大陸以及其他亞洲國家共同組成經濟共生體，以與其他區域組織合作抗衡。

所以，台灣必須充分瞭解自身角度的多元性，並且善用這種多元性來使自己成為一個行動主體。

（二）積極發展與中國大陸的經貿關係

1. 調整「戒急用忍」政策和「三通」政策，將有利於兩岸經貿交流的便利。

2. 因應兩岸加入世貿組織後，台灣方面必須適時加強自身的產業競爭力，同時與中國大陸在全球經濟體系中扮演產業分工。

3. 將兩岸間的經貿重點著重在「以投資帶動貿易」，因為加入WTO後，中國大陸受到國際規範而使得經營環境穩定，更能吸引台商前往投資。

4.以回歸「九二精神」的原則來發展兩岸間的經貿合作
  與產業分工，兩岸關係可以在經濟上創造「雙贏」，
  同時兩岸也可以帶動整個東亞經濟體系的繁榮，與世
  界其他經貿組織分庭抗禮。

如此，在經濟命運共同體的認知下再來談兩岸的國家、
主權問題，很多問題自然會消解於無形。

（三）發展自身條件成為全球化架構下的多元中心

1.將台灣發展成為一個「科技島」、「資訊島」、「綠色
  矽谷」，朝向高科技以及多元資訊的方向發展。
2.提升自身的產業內容和經濟實力，同時在厚植自身經
  濟實力的同時，兼顧對自然和環保議題的重視。

如此，台灣自然會成為一個世界體系的「中心」——科
技中心、資訊中心、環保中心，對台灣維持自身的利益和進
入跨國組織也是有所幫助，台灣在全球架構中的地位和重要
性自然也會提高。

（四）以實力爭取進入跨國組織

1.對台灣應該積極主動掌握APEC內部議題多元化和集
  團化的趨勢，與各成員國間保持密切的聯繫，同時提

供經濟和技術合作。

2.將自己定位成一個「多元中心」，並且儘可能地與中國大陸發展良好的經貿互動，同時在區域勢力和全球治理結構下取得一個平衡點。

3.在與跨國組織互動時，則應該避免提到如兩國論般會刺激中共強力反彈的言論，同時儘量將交流的重心點放在文化、社會、環保議題上，以獲取全球社會的認同與支持。

如此，將使台灣更容易進入跨國組織，同時也可以避免中共的干預，當台灣獲得國際輿論愈來愈多的支持聲時，也代表台灣被全球社會接受的程度也愈高，這對台灣而言，絕對是一大利多。

（五）建構全新的國家安全觀念

1.在資訊時代下，戰爭或衝突的型態主要不是決勝在實體的物理空間上，而是有可能透過網路空間或資訊空間進行。

2.資訊時代的戰爭是以全球領域作為載體，和或戰之間已經沒有明顯的界線。

3.台灣的國家安全概念也不應該建立在將台灣和大陸接

觸降到最低爲滿足，相反的，還應該發展一種新時代、全面性的國家安全觀念。

台灣除了不斷提升自身的軍事配備和科技配備外，還必須要與中國大陸積極接觸、積極互動，使兩者發展成一種共生共榮的依存關係，只要當中國大陸和台灣兩者的依存關係到了密不可分之時，台灣的國家安全才算眞正有保障。

五、結論

台灣與中國大陸之間存在著對國家主權、認同和領土歸屬上的爭議，但在經濟上卻相互依存且共生共榮，如果由傳統對國家主權等向度去探討兩岸未來的發展，勢必將走進一個毫無出路的死胡同裡。所以，針對兩岸之間的問題，我們必須避開傳統對主權觀念的認知，而以一種互賴主權的觀念來看待兩岸之間的經貿發展與產業分工的合作可能，並以此過渡到和平解決兩岸問題。

在全球化時代，台灣如果希望走出困境，就必須跳出傳統思維模式，瞭解自身的侷限和優勢，如此，才能使自己成爲全球架構中的行動主體，也才能走出屬於自己的一片天地。

註 釋

[1]李強，〈全球化、主權國家與世界政治秩序〉，《戰略與管理》，北京，2001，2月號，頁20。

[2]華英惠，《迎接WTO時代》，台北：聯經，2000，頁198。

[3]唐欣偉，〈兩岸關係的展望：從國際政治經濟學的角度分析〉，《國家政策論壇》，第1卷第7期，民90年9月，頁113。

[4]「全球治理」的觀念，參見張亞中，〈全球化下的全球治理：主體與權力的解析〉；林碧炤，〈全球治理與國際安全〉，兩文發表於「全球治理與國際關係」學術研討會，台北，政治大學外交系主辦，民90年6月。

[5]參見蕭全政，〈東亞「區域主義」的發展與台灣的角色〉，《政治科學論叢》，第14期，民90年6月，頁214-215。

參考書目

一、中文參考書目

王列、楊雪冬，《全球化與世界》，北京：中央編譯出版社，1998。

王岳川編，《後殖民主義與新歷史主義文論》，山東：新華出版社，1999。

王逸舟，《全球化時代的國際安全》，上海市：上海人民出版社，1999年。

王寧、薛曉源，《全球化與後殖民批評》，北京：中央編譯出版社，1998。

包宗和、吳玉山編，《爭辯中的兩岸關係理論》，台北：五南，民88。

朱剛，《薩伊德》，台北：生智，1999。

江宜樺，《自由主義、民族主義與國家認同》，台北：揚智，2000。

李英明，《中共研究方法論》，台北：揚智，1996。

李英明，《中國：向鄧後時代的轉折》，台北：揚智，1999
　　年。

李英明，《中國大陸研究》，台北：五南，民83。

李英明，《鄧小平與後文革的中國大陸》，台北：時報文
　　化，民84。

里斯本小組，張世鵬譯，《競爭的極限：經濟全球化與人類
　　的未來》，北京：中央編譯出版社，2000。

杭廷頓，《文明衝突與社會秩序的重建》，北京：新華出版
　　社，1998。

阿里夫‧德里克，王寧等譯，《後革命氛圍》，北京：中國
　　社科院出版社，1999。

俞可平、黃衛平主編，《全球化的悖論》，北京：中央編譯
　　出版社，1998。

俞可平主編，《全球化時代的社會主義》，北京：中央編譯
　　出版社，1998。

胡元梓、薛曉源，《全球化與中國》，北京：中央編譯出版
　　社，1998。

徐賁，《走向後殖民與後現代》，北京：中國社科院出版
　　社，1996。

馬丁舒曼，張世鵬譯，《全球化陷阱：對民主和福利的進

攻》，北京：中央編譯出版社，1998。

張京媛，《後殖民理論與文化認同》，台北：麥田，1995。

曹莉，《史碧娃克》，台北：生智，1999。

陶東風，《後殖民主義》，台北：揚智，2000。

博埃默，《殖民與後殖民文學》，香港：牛津大學出版社，
1998。

華英惠，《迎接WTO時代》，台北：聯經，2000。

黃瑞祺，《現代與後現代》，台北：巨流，2000。

廖炳惠，《回顧現代：後現代與後殖民論文集》，台北：麥
田，1994。

鄭祥福，《後現代主義》，台北：揚智，1999。

龍永樞主編，《海峽兩岸經貿合作關係研究》，北京：經濟
管理出版社，1998。

簡瑛瑛編，《認同、主體、差異性》，台北：立緒，1995。

薩伊德，《文化與帝國主義》，台北：立緒，民90。

薩伊德，《東方主義》，台北：立緒，1995。

薩伊德，《鄉關何處》，台北：立緒，民89。

羅鋼、劉象愚，《後殖民主義文化理論》，北京：中國社科
院出版社，1999。

Adda, Jacques，周曉幸譯，《經濟全球化》，北京：中央編
譯出版社，2000。

Beck, Ulrich，孫治本譯，《全球化危機：全球化的形成、風險與機會》，台北：商務書局，1999。

Castro, Fidel，王玫譯，《全球化與現代資本主義》，北京：新華書局經銷，2001。

Cohen, Paul A.，林同奇譯，《在中國發現歷史——中國中心觀在美國的興起》，台北：稻鄉出版社，1991。

Giddens A.，陳其邁譯，《失控的世界：全球化與知識經濟時代的省思》，台北：時報文化，2001。

Held, David，沈宗瑞譯，《全球化大轉變：全球化對政治、經濟與文化的衝擊》，台北：韋伯文化，2000。

Lodge, George C.，胡延泓譯，《全球化的管理：相互依存時代的全球化趨勢》，上海：上海藝文出版社，1998。

Nash, Kate，林庭瑤譯，《全球化、政治與權力》，台北：五南，2001。

Robbins, Bruce，徐曉雯譯，《全球化中的知識左派》，北京：中國社會科學出版社，2000。

Robertson, Roland，梁光嚴譯，《全球化：社會理論與全球文化》，上海：上海人民出版社，2000。

Tomlinson, John，鄭棨元、陳慧慈譯，《全球化與文化》，台北：韋伯文化，2001。

Waters, Malcolm，徐偉傑譯，《全球化》，台北：弘智文

化，民89。

二、中文參考期刊

李強，〈全球化、主權國家與世界政治秩序〉，《戰略與管理》，北京，2001年2月號。

林碧炤，〈全球治理與國際安全〉，發表於「全球治理與國際關係」學術研討會，台北，2001年6月。

唐欣偉，〈兩岸關係的展望：從國際政治經濟學的角度分析〉，《國家政策論壇》，第1卷第7期，民90年9月。

張亞中，〈全球化下的全球治理：主體與權力的解析〉，發表於「全球治理與國際關係」學術研討會，台北，2001年6月。

蕭全政，〈東亞「區域主義」的發展與台灣的角色〉，《政治科學論叢》，第14期，民90年6月。

三、英文參考文獻

Anderson. B., *Imagined Communities*, second ed., London: Verso, 1991.

Bhabha, Homi, *The Location of Culture*, London and New York:

Routledge, 1994.

Burns John P., "The People's Republic of China at 50: Nation Political Reform," *The China Quarterly*, 1999.

Campen, Alan D. & Douglas H. Dearth eds., *Cyberwar 2.0: Myths, Mysteries and Reality*, AFCEA International Press, 1998.

Castells, Manuel, *The Power of Identity*, Blackwell Publishers, 1999.

Castells, Manuel, *The Informational City*, Blackwell Publishers, 1996.

Castells, Manuel, *The Informational City: Information Technology, Economic Restructuring, and the Urban-Regional Process*, Oxford: Blackwell, 1989.

Chrisman, Larura & Benita Parry, *Postcolonial Theory and Criticism*, April 2000.

Copeland, Dale C., "Economic Interdependence and War: A Theory of Trade Expectations," in Michael E. Broun, Owen R. Cote', Jr. Sean M. Lynn-Jones & Steven E. Miller eds., *Theories of War and Peace*, The MIT Press, 2000.

Deng, Ping, "Taiwan's Restriction of Investment in China in the 1990s," *Asian Survey*, 40:6.

Dirlik, Arif & Maurice Meisner, *Marxism and the Chinese Experience*, M. E. Sharpe, 1989.

Dirlik, Arif, *The Postcolonial Aura: Third World Criticism in the Age of Global Capitalism*, Westview Press, 1997.

Dittmer, Lowell, *China under Reform*, Westview Press, 1994.

Gandhl, Leela, *Postcolonial Theory*, May 15, 1998.

Harding, Harry, *China's Second Revolution: Reform after Mao*, The Brooking Institution, 1987.

Held, David, *Political Theory and the Modern State*, Polity Press.

Krasner, Stephen D., *Sovereignty: Organized Hypocrisy*, Princeton University Press, 1999.

Mathews, Jessica T., " Power Shift," *Foreign Affair*, January/February 1997.

Meisner, Maurice, *The Deng Xiaoping Era*, 1996.

Miller, David, *On Natimality*, Clarendon Press, 1997.

Neil, Barrett, *The State of the Cybernation*, London: Kogan Page, 1996.

Rajan, Gita & Radhika Mohanram, *Postcolonial Discourse and Changing Cultural Contexts*, October 30, 1995.

Said, Edward, *Culture and Imperialism*, New York: Alfred A.

Knopf Inc., 1993.

Said, Edward, *Orientalism*, New York: Vintage, 1979.

Said, Edward, *The Text and The Critic*, London: Vintage, 1991.

Schram, Stuart R., *Ideology & Policy in China Since the Third Plenum, 1978-1984*, University of London, 1984.

Shirk, Susan L., *The Political Logic of Economic Reform in China*, University of California Press, 1993.

Spivak, Gayatri Chakrovorty, *The Spivak Reader: Selected Works of Gayatri Chakravorty Spivak*, 1995.

Stanton, Gareth, *Postcolonial Criticism*, January, 1998.

Toffler, Avain, *Powershifts Knowledge, Wealth and Violence at 21st Century*, Bantam Books, 1990.

Toffler, Avain, *The Third Wave*, New York: Morrow, 1980.

Toffler, Avain, *War and Anti-war: Survival at the Dawn of the 21st Century*, Boston: Little, Brown, c1993.

Walder, Andrew, *Communist Neo-Traditionalism: Work and Authority in Chinese Industry*, Berkeley: University of California Press, 1986.

Young, Robert, *White Mythology: Writing History and the West*, 1990.

全球化時代下的台灣和兩岸關係　　亞太研究系列 15

作　　者／李英明
出　版　者／生智文化事業有限公司
發　行　人／林新倫
執行編輯／晏華璞
登　記　證／局版北市業字第 677 號
地　　址／台北市新生南路三段 88 號 5 樓之 6
電　　話／(02)2366-0309　2366-0313
傳　　真／(02)2366-0310
網　　址／http://www.ycrc.com.tw
E-mail／tn605541@ms6.tisnet.net.tw
郵撥帳號／14534976　揚智文化事業股份有限公司
印　　刷／科樂印刷事業股份有限公司
法律顧問／北辰著作權事務所　蕭雄淋律師
ＩＳＢＮ／957-818-346-1
初版一刷／2001 年 12 月
定　　價／200 元

總　經　銷／揚智文化事業股份有限公司
地　　址／台北市新生南路三段 88 號 5 樓之 6
電　　話／(02)2366-0309　2366-0313
傳　　真／(02)2366-0310

國家圖書館出版品預行編目資料

全球化時代下的台灣和兩岸關係 ＝ Taiwan
and cross-strait relations under
informational era ／ 李英明著. --初版. --
台北市：生智，2001[民 90]
　面；　公分. --（亞太研究系列；15）
參考書目：面

ISBN 957-818-346-1（平裝）

1.兩岸關係

573.09　　　　　　　　　　　90018107